哲学ワールドの旅

伊藤邦武
藤本 忠　編著

田中龍山　山口雅広
松田克進　紀平知樹
著

晃洋書房

は じ め に——読者のみなさんに

　この本の題名は『哲学ワールドの旅』です。この本が主な読者として考えているのは、これまで哲学というものにまったく触れたことのない人たちです。つまり、この本を手にしている読者のみなさんは、これから哲学というとても魅力のある、しかし同時にかなり謎めいた、そして相当奥の深い不思議なワールドへと、初めて誘われ、導かれることになります。

　みなさんがもしも突然に大学のキャンパスやサークルなどで、哲学の勉強やディスカッションの集いに誘われたとしたら、最初にどんな感じをもたれるでしょうか。

　例えば、友達とキャンパスで楽しく話をしているところに、突然古代ギリシア人のような奇妙な姿をした人があらわれて、「わたしは哲学ワールドの案内人です。これからわたしと一緒に、誰にとってもためになる哲学ワールドの旅に出発しませんか」と言われたら、みなさんはどんな感じをもつでしょうか。

　「こんな変な格好の人とは口をきかないほうがよい」と思うでしょうか。それとも、「哲学ワールドってそもそも何のことだろう」と思うでしょうか。中には少し大胆に、「哲学ワールドに行って旅するのも面白いかも」と思う人もいるかもしれませんね。

　ただ、「哲学ワールドに行って旅するのも面白いかも」と思う人でも、「哲学って何だか難しい学問だと聞いたけれど、本当に誰にも分からないような難解な言葉を覚えなければならないのかもしれない。そうだとすると、自分にはそこに行って旅するのは無理なのでは」——。こう考える人が少なくないかもしれません。あるいは、「自分は哲学という言葉に何となく魅力的なものを感じているけれども、そんなとてもぼんやりとした感じだけで勉強を始めて、哲学ワールドの旅に出発しても、大丈夫だろうか」——。こんな不安を感じる人もいるかもしれませんね。

哲学という学問は一言でいうと、世界の中にあるさまざまな物事について、その根本のところを深く見極めてみようとする学問です。また、世界の中にあるさまざまな物事には、わたしたち自身の人生や生き方も含まれていますから、哲学はわれわれ人間の生き方の根本を、改めて見つめ直してみようという学問でもあります。

　でも、なんでこんな難しい学問を勉強しなければならないのですか——。この問いに思い切って簡単に答えるなら、それは哲学が、社会学や物理学、天文学や歴史学、政治から道徳など、世の中にある全ての学問や知的活動の、最も由緒正しい生みの親だからです。

　しかし、哲学ワールドを旅して、哲学という学問を勉強することで、わたしたちは賢くなれるのでしょうか——。はい、人が賢くなるということの意味が、物事について深く考え、世界についてより広い視野に立って反省したり理解したりできるようになることであるならば、わたしたちは哲学を学び、それを一歩一歩自分のものにしていくことで、さまざまな問題をしっかりと考えることができるようになり、賢く生きることができるようになると思います。

　でも、やっぱり哲学は気難しい人だけが学ぶ学問ではないですか——。はい、一般にはそのとおりですが、しかし実は、この本のような哲学ワールドについてのしっかりとした見取り図を手にしている人であれば、必ずしもそうではありません。

　「自分は哲学という言葉に何となく魅力的なものを感じている」。最初からこう考えている人にとっては、おそらく本書のように、基礎知識なしに順番に哲学のワールド全体について見取り図をあたえてくれる本は、かなりとっつきやすい本だろうと思います。しかし、そういう人はあまり多くないでしょう。大多数の人は、哲学のような堅苦しい話を聞くよりも、音楽を聞いたり、スポーツをしたり、サークル活動をしたりするほうがずっと面白いと思うでしょう。

　ところが、自分が熱心にかかわっている芸術やスポーツ、あるいは宗教や社会活動にも、哲学の思想が深く結びついていて、哲学というフィルターを通して考えたほうが、それぞれの活動の意義をさらに深く、くっきりと理解でき

ようになる、という場合にはどうでしょうか。あるいは、日々活用しているコンピュータの原理やテレビで解説している宇宙論の基礎も、その根本は哲学の理論にあるとしたらどうでしょうか。実はこれが本当の真実な話なのです。

本書では、哲学という学問の世界で論じられているさまざまな発想や主張について、時代的にもテーマ的にも、非常に幅広い範囲をカバーするように議論が組み立てられています。また、読者のみなさんの日々の関心にいろいろな角度から答えられるように、抽象的な理論から具体的な話題まで、硬軟とりまぜて議論の俎上に載せています。そして、これらの話題同士がどのように関係しあっているのかも、できるだけわかりやすく示そうとしています。

読者のみなさんには、本書が伝えようとする哲学ワールドを、いわば哲学という名前でくくられる学問的な活動が、互いに迷路のようなかたちで関係しあいながらできあがっている、美しく多彩なプリズムのようなものだと思っていただければよいと思います。

哲学というワールドはわたしたちの日々の知的好奇心の的になるほとんど全ての事象と無縁ではない——。だから、最初はいろいろな哲学者の名前などがたくさん出てきて、何だか堅苦しい話に思われることでしょうが、少し落ち着いて耳を傾けてみてください。そうすると、きっと読者のみなさんの誰もが、哲学という初めての学問のなかにあらわれてくる数々のテーマに、いろいろなかたちで強く共鳴している自分を発見することになると思います。この本が誘おうとする哲学ワールドの旅とは、何よりもそういう若々しい「知的共鳴」への招待、ということを意味しているのです。

2018 年 3 月

伊藤　邦武

目　　次

はじめに──読者のみなさんに

序　章　この本の使い方、読み方　1

第Ⅰ部　基礎編ワールド　哲学とその歴史的背景

A　理　論　哲　学

第1章　古代哲学　全ては水からできている？　11

　　はじめに──アリストテレスの証言　11
　　1　「哲学の創始者」タレス　12
　　2　「そのような哲学」とは？──「万物の原理」についての知恵を求めて　14
　　3　「水である」をめぐって──原理としての水　16
　　4　タレスの後継者たち──彼らの偉大さ　17

第2章　中世哲学　哲学はキリスト教とどう関わるか？　22

　　はじめに──哲学とは何か？　22
　　1　中世という歴史上の時代区分　22
　　2　キリスト教哲学としての中世哲学　23
　　3　12世紀ごろまでの中世哲学　24

4　12世紀なかごろからの中世哲学　27
　　おわりに——調和の時代から分離の時代へ　31

第3章　近世哲学　科学時代の到来の中の哲学　33

　　はじめに　33
　　1　科学時代の到来としての近世　36
　　2　神の存在と哲学　39
　　おわりに　44

第4章　現代哲学　人間にとっての世界と言語　47

　　はじめに　47
　　1　科学の変貌　48
　　2　人間をとりまく環境世界　50
　　3　人間の言語と社会　53

B　実　践　哲　学

第5章　古代哲学　「よく生きる」ことを求めて　60

　　はじめに——ソクラテスの大原則　60
　　1　「よく生きる」——ソクラテスの場合　62
　　2　「善とは何か」——プラトンの場合　65
　　3　「人間にとっての善」——アリストテレスの場合　67
　　4　「よい」をめぐる論争の時代へ——アリストテレス以後　69
　　おわりに——わたしたちの課題として　71

第6章　中世哲学　幸福とは何か? 幸福を獲得するには何が必要か?　74

 はじめに——幸福・法・徳　74
 1　目的論・幸福論　74
 2　自然法論と正義論　79
 おわりに——旅人としての人間　83

第7章　近世哲学　善き行為と幸福をめぐる問い　85

 はじめに　85
 1　幸福とは　86
 2　カントにおける義務と法則　91
 おわりに　95

第8章　現代哲学　実存と徳ということ　98

 1　わたしたちの実感　98
 2　実存ということ　103
 3　徳のある生活とは何か　106

第Ⅱ部　発展編ワールド　哲学の諸問題

第9章　宗教と哲学　哲学者たちは宗教をどう論じてきたか　112

 はじめに——世俗主義の時代　112
 1　啓蒙思想あるいは科学と宗教——近代　113

2　主体的・内面的な宗教思想——近代から現代へ　123
　　おわりに——ジェイムズの宗教思想の現代性　129

第10章　芸術と哲学　美の意味を考える　131

　　1　美の評価は人それぞれか　131
　　2　美の感受とはどのような経験なのか　135
　　3　芸術の意義はどこにあるか　142

第11章　科学と哲学　「科学は哲学」なのか「哲学は科学」なのか　151

　　はじめに　151
　　1　トランスサイエンスとしての哲学　153
　　2　メタサイエンスとしての哲学　158
　　3　科学哲学のトピック　161
　　おわりに　163

第12章　政治と哲学　社会契約説の系譜　166

　　はじめに　166
　　1　ホッブズ　167
　　2　ロック　170
　　3　ルソー　173
　　4　ロールズ　177
　　おわりに　180

第13章　応用倫理学　生活の中に潜む倫理的問題　183

 1　哲学問題化する社会と応用倫理学　183
 2　日常に潜む倫理的問題——生命倫理から　185
 3　新たな倫理の要請？——環境倫理から　191
 4　応用倫理学は倫理学の応用か？　195
 5　生活の中の応用倫理学　197
 おわりに　198

哲 学 年 表　201
哲学関連白地図（ヨーロッパ、北米）　206
関連文献一覧　209
人 名 索 引　213
事 項 索 引　215

序章
この本の使い方、読み方

　この本は、「はじめに」にも書かれているように、哲学の諸問題にはじめて触れられる方向けに、また哲学関係の本を読んだことはあるけれど哲学をさらに「体系的」に学んでみたい意欲に充ちた方向けに書かれています。

　書店にはたくさんの哲学啓発書や入門書が陳列してあります。でも、そうした本は、多くの場合、残念なことに、大学のそれも哲学科などで専門的に哲学を学んでいこうとするための方々向きではありません。そのためその内容に関していえば、哲学の特殊な問題を一般化していたり、歴史的な文脈を無視していたり、あるいは、哲学系の試験で点数を取るための分かりやすさだけをねらって、何か一義的な答えがすぐ得られるかのような書き方をしている傾向が見受けられます。中には、まったく一個人の思想が普遍的な問いとその答えであるかのように語られ、哲学という「学問」に対して、（哲学が「わたし探し」に尽くされるかのような）何か大きな誤解を生みだしてしまっているベストセラー本などもあります。

　しかし、この本は、われわれ執筆者が勤務先の大学の哲学系の学科の初年次ゼミナール（セミナー）の中ですでに、実際に使用してきた原稿がもとになっており、特定の「イズム（主義）」に偏った内容ではありません。多くの学生さんが、これまで、これから論じられていく内容を中心に「哲学の初歩」を学んできました。また、そこでの学生さんたちはそうした内容をグループワークなどを通じて深め、多くの成果を上げてきました。こうした実績をふまえつつ、さらにこの本は、現場のチューターさんの意見も取り入れています。目の前にいる学生さんを念頭に置いて書かれた入門書なのです。

西 周

　ところで、哲学は「学問」であると述べました。この点は、これからみなさんがこの本を読み、考えていく中で明らかにされていくはずですが、重要なことですから、少し前もってお話ししておきます。哲学という言葉は、明治期に西周（1829-1897）という学者がフィロソフィーという横文字を邦訳した言葉です（最初は「希哲学」と訳されていました）。

　フィロソフィーの起源は人間が精神文化をもった時代にまでさかのぼるほど古いといわれていますが、それが、学問としての体裁をもち始めたのはギリシアのイオニアといわれる地域であったといわれています。その最初の対象は自然現象や神話の論理的分析であったといわれています。ですので、哲学は、数学と同じくらい古く、長い歴史をもちます。

　さて、哲学が学問であるとはどういうことでしょうか。1つは、例えば学校で教えられるとか、1つは、例えば小難しいとか、いろいろなイメージがわくかもしれません。前者に関していえば、古代ギリシアで哲学は、今日アカデミーの語源となっているアカデメイアというプラトンの学校で教授されていましたし、後者に関していえば、早くも古代ギリシアのアリストテレスの時代や古代ローマのストア派の時代に学問として体系的な構造を備えていました。こうしたことは、現在みなさんが大学で学ぶことができる他の学問と同じです。先取りしていいますと、哲学は、万学の祖であるアリストテレス以来、全ての学問を包含していましたから、現在の諸（科）学は、哲学を母としているといえます。「学問」の話に戻りましょう。

　哲学は、歴史的にみて最も古く、全ての学問の母体であったわけですから、学問であるのは当然だといってしまえばそれまでですが、それでは哲学的ではありませんね。では学問であることの最も大切な点は、何でしょうか。学校で教えられて、体系的な構造を有している必要はなぜあるのでしょうか。そのヒントはみなさん自身が、自ら考え、グループワークなどを通じて議論を組み立てていく営みそのものの中にあります。つまり、学問は公に開かれている必要

があるのです。公に開かれ自由に議論できるような場において営まれる知的活動が学問なのです。ですから、先生や恩師のいうことを伝統芸能のように鵜呑みにし、あるいは教科書を丸暗記して入試に合格するような勉強は、実は、正味、学問とはいえないのです。前者の意味は、分かりますね。公に開かれているとはいえません。公に開かれたら、例えば、美味しいラーメン店の隠し味がばれてしまいます。テストで点を取るためには、教科書に書かれてあることを絶対に信用しなければなりません。自分なりの歴史解釈をテストのときに披歴すると、まず、点をもらえません。その意味で、公に開かれているかもしれませんが、自由はありません。古代ギリシアでなぜ学問としての哲学が生じたのか、なぜ中国で生じなかったのか（もちろん中国にも思想はあります）、その理由は、奴隷制度があったにせよ、大部分の市民が為政者の圧制から自由であり、多くの情報に対して自由に考える風土・文化があったからなのです。学問とは政治的にも精神的にも自由でなければ成立しません。ということは、自分の責任で自由に思索する能力が必要になるわけです。その意味で、学問としての哲学を行うということには、かなりの手間と努力が必要となります。

　ですから、最初に論じたように、独断的に自分の思想を他者に押し付けたり答えをあたえたりする本は、実は哲学にはあまり向かないのです。同じことですが、哲学を学ぶ上でたくさんの本を読み、いろいろな授業に出て知識や知見を広めることはとても大切です。しかしそれだけでは、本来の哲学にはなりません。自分で獲得した知識を口頭で、もしくはレポートや論文というかたちで公開し、他者からの自由な意見や批判を聴かねばなりません。そうでなければあなた方の考えは各々個人的な思い込みで終わってしまうでしょう。自分の殻に閉じこもって独善的になるという態度も、実は学問としての哲学からは縁遠いのです。

　哲学は教科書を鵜呑みにしただけでは始まらないし自由な学問だと上に書きましたが、しかし、知識が何もないところに知の営みはありませんし、初心者にはガイドも必要です。この本は以上のような意味において、自習本にもなりえますが、哲学系の演習（ゼミナール）科目や哲学系の教養科目の中でフル活用

されることも射程に入れて書かれています。この「序章」もその点で、すでに哲学入門の役目を果たしています。まずこの本の目次をみてください。次のような構成で書かれています。

　第Ⅰ部は基礎編ワールドで哲学の歴史をふまえつつ、その問題の意味を体系的に示してあります。そして「理論哲学」と「実践哲学」に分かれています。理論哲学でのキーワードは「神（絶対者）」「存在（宇宙）」「魂（心・精神）」です。実践哲学のキーワードは、「幸福」「正義」「自由」です。この基礎編ワールドをもとにして、第Ⅱ部発展編ワールドとして、哲学の諸問題からいくつかの代表的テーマが選ばれています。そして、最後に、本文中で登場した歴史上の哲学者を中心とした年表や白地図が付けられています。哲学、それも西洋哲学を学ぶ者にとって、西洋史の基礎や地理の知識は是非身につけなければなりません。おいおい明らかになると思いますが、歴史的・地理的な意識・視点がない人には哲学もそのほとんどの姿が隠されたままになります。みなさんが現在使用している学術用語は数日前に日本で突如できたのではありません。哲学という言葉自体については先に触れましたが、歴史の重みは哲学の用語に反映されています。言葉を軽んじる者には哲学はできません。ですから、年表や地図をもとに自分なりに歴史の知識を獲得し、意識を高めてください。この本は、歴史順に古代から現代に至る哲学者の知的営みを軸に書かれていますから、歴史のイメージはつかみやすいかもしれません。また、各章の最後に、グループワークや予復習のための 演習問題 を付けています。是非、他の関連文献などを調べて見識を深めてください。

　次に、哲学が理論哲学、実践哲学、に分かれている理由や第Ⅱ部で触れられたトピックに関して簡単に述べておきます。哲学が学問である以上、他の学問と同じように体系的に学びやすく教材が配列されている必要があります。それは高校の理科で（それぞれが多少の関係があるにしても）物理学、化学、生物学、地学、などに分けられているのと同じです。しかし、哲学の場合、理論、実践という分類は、もっと根本的な意味があります。歴史的にみるとアリストテレスやストア派の哲学にまでさかのぼりますし、中世、近世以降、学問の分類や

連関を考える仕事（これを「学問論」といいます）は哲学が担ってきましたから、さまざまな学問分類のかたちがあります。ただ、人間の営みにおいては、上の2つの分類が基本なのです。理論というと少し難しいかもしれませんが、要するに、世界はいったい何からできているのか、という壮大な問いから、なぜこのカレーは美味しいんだ、といった日常の対象にまでわたる事柄に関係し、何らかの対象を知り、知識とするという営みです。実践というのは、人間の行動、行為に関係する営みです。なぜ人間は宇宙に飛び立たねばならないのか、という難しく悩ましい問いから、なぜ、昼食にラーメンではなくカレーを選んでしまうのか、という問いまで、人間の行為に関わる問題を扱います。そして、この理論と実践は相互に無関係ではありません。人間が宇宙の知識を得るという営みは知的関心にもとづく行為ですし、カレーを選んでしまうというのは、ラーメンとの差異を知識として得ているから可能なのです。原子力の問題は単に知識の問題では済みません。それを活用するという行為と密接に関係します。またその逆に知識がない人に原子力の活用をされては困るのです。この理論と実践が両輪となって人間は生活しているということです。日常でも、よく「知識だけではだめで知恵が必要だ」と言われたりすることがあるでしょう。こうした感覚こそ理論と実践が両輪であることをよく表現しているといえるでしょう。

　哲学は、その歴史上、万学の母体でした。少なくとも18世紀まではそうでした。ですから、現在の大学で教授されているおよそほとんど全ての学問、特に、今日、教養科目といわれている学問は古代アカデメイアでの科目を引き継いだ「広義の哲学」といい換えることさえできます。教養科目に音楽理論があったりするのが良い例示です。しかし、広義の哲学の中で、最も奥の院にある狭義の哲学は、19世紀以降、諸学問が分離・独立していくなかで固有の分野として残り続けています。おそらく多くの入門者が哲学としてイメージしている部分です。古来、それらは形而上学、第一哲学という大きな括りの中で、また、存在論、認識論、道徳哲学、倫理学という名の下で学ばれてきました。ですので、この本では、理論哲学では存在論、認識論を、実践哲学では道徳哲学、

倫理学、が扱われることになります。

第Ⅰ部のワールドの理論哲学では、神あるいは絶対的な存在と有限な人間の思考や存在の関係、宇宙にある万物やものが存在するという事柄と日常のわたしたちの思考やものの見方の連関、そして心や魂はあるのかないのかから始まり、その活動について論じられます。実践哲学の箇所では、幸福の定義と意味、正義とは何を指すのか、あるいは人間の自由とはどういう事態なのかについて、さらにわたしたちが何気なく普段使い分かったような気になっている行為の目標や基準に関して分析が加えられます。

ここで、少しだけ注意を加えておきます。上で神とか絶対的な存在という言葉が出てきましたが、多くの初学者がこの言葉につまずいてしまうようです。哲学は論理的な思考を重視します。ですから、みなさんに神信仰を強要したり神様の存在を前提したりすることはありません。信仰としての神の問題は哲学においてはいったん括弧にくくって考える必要があります。神がいるかいないかも含め、哲学は全てを議論の対象にします。ただ、少なくともわたしたちは傷つき死すべきか弱い存在です。そういう有限な存在を自覚するとき、何がみえてくるのかという問題意識は持っていただきたいのです。また、幸福とか正義という言葉で、初学者の方々は、これまでの人生のいわゆる人生訓や親・教師の教えのようなものを連想してしまうようですし、倫理学をあたかも高校までの道徳の授業のように考えてしまうようです。もちろん、哲学はソクラテス以来、善く生きることを真剣に考えるところから始まっていますから、道徳的に正しく生きることを目指すことと哲学は切っても切り離せません。しかし、みなさんが自分の育った環境やこれまで習った人生訓を振りかざすことがそのまま実践哲学になるのではありません。哲学は、繰り返しますが、学問です。そこには公に開かれた、普遍的な議論が介在しなければなりません。

次に第Ⅱ部のワールドですが、ここでは、上で述べた哲学の中心的課題と現在でも強い関係があるいくつかのテーマを具体的に展開しています。哲学と宗教、哲学と芸術、哲学と科学、哲学と政治、の問題は現在でもかなり重要ですし、文明の発展に伴って生じ過去には予測不可能であった倫理的問題にどう対

処するかという応用倫理学なる分野は、現場の倫理学、臨床的倫理学といわれるように、喫緊の問題を抱えていることが少なくありません。むろん、ここで取り上げられなかったテーマも重要です。哲学が万学の母であった限り、あらゆる分野に哲学は本来関与し得る

アテネとパルテノン

のです。本書では目立ったかたちで扱ってはいませんが、経済に関する哲学、歴史の哲学、社会的問題（例えばジェンダー論や人権問題）と哲学、言語と哲学など、広範囲に及びます。哲学は、裏返せば、「これだけが研究の対象」と限定できない学問であることを意味しています。幅広い教養なくして哲学は成立しません。こうした問題はみなさんが他の分野を旺盛に学ぶ中で、是非ご自身で深め、場合によっては開拓していってくだされば幸いです。

この本は、先にも述べましたが、哲学教育の現場から生まれました。以上の意味で、みなさんが、大学の哲学系の学科や哲学系の教養科目群などで使用されるための入門書として、また大学以外の場所でも哲学的な議論・討議を必要とされる場合の入門書として、十分な素材を提供し得るでしょう。学問としての哲学を強く意識し、ゼミの仲間や友人らと議論し、普遍的な解答を見いだす努力を続けていくための力水になることを、願ってやみません。

最後に、哲学は大学のゼミナールでのみなされる営みではありません。かつてソクラテスがアテナイの町の中で議論をしたように、開かれた領域でこの本が使用されることも、執筆者一同、心から願っています。

演習問題

1) わたしたちは今日「哲学」という言葉で何を理解しているでしょうか。
2) 18世紀まで哲学の領域として考えられていた学問分野を調べてみましょう。

3) みなさんがイメージする「哲学的問い」を列挙し、なぜそれが哲学的なのか考えてみましょう。

関連文献
麻生博之他編［2006］『哲学の問題群』ナカニシヤ出版。
「世界の歴史」編集委員会［2009］『新　もういちど読む山川　世界史』山川出版社。

第Ⅰ部　基礎編ワールド
哲学とその歴史的背景

A　理論哲学

第1章　古代哲学
全ては水からできている？

はじめに——アリストテレスの証言

　わたしたちは「哲学」という言葉を、わりとよく目にしたり、耳にしたりすることがあります。書店に行けば、著名人の書いた「経営哲学」「スポーツ哲学」といった本を見ることができますし、「その話は哲学的だね」といった会話も、日常的とまでは言えませんが、聞いたことがあるでしょう。つまり、おおよそのひとが「哲学」という言葉に、何らかの共通の理解、あるいはイメージをもっているのです。けれども、「では哲学とは何ですか」と問われたときに、すらすらと答えることは簡単ではありません。大学の文学部で哲学を聴講している、さらには哲学を専攻している学生のみなさんでも、事情はそれほど変わらないのではないでしょうか。ひょっとするとその場合、知識があるばかりに、哲学についてのことなった複数の理解が示され、よけいに収拾がつかなくなってしまうことも考えられるでしょう。でも心配する必要はまったくありません。というのは、20世紀の有名な哲学者自身がこう語っているからです。哲学の定義を求めて哲学者のもとに行って問い尋ねても混乱が増すばかりだ、と。
　どうでしょう。理解の曖昧さは自分だけではないと安心したでしょうか。い

やもしかすると、理解したいと望んでいるひとには、絶望すら感じさせてしまったかもしれません。おそらくこのことにも、哲学という学問の独自性が示されているのでしょうが、今日、「哲学」の理解は、それほどまでに混乱しているのです。それでも絶望は無用です。手掛かりはあるのです。物事には全て始まりがあります。哲学という営みもそうです。今「営み」と言い換えたのは、わたしたちの言う「学問」のイメージから少し離れたいと考えたからです。本章でも述べますが、「哲学」とは、言葉をさかのぼると「知恵を愛し求める」という、ある意味で素朴な営みだったのです。その始まりの現場をのぞき見ることで、哲学とは何だったのか、ということは理解できるはずです。さらには、今日の混乱したありかたの理由を、その現場から感じとってもらえればと思います。

哲学とはどのような営みであったのか、また、その成り立ちはどのようなものであったのか、ギリシアの哲学者アリストテレス（BC（紀元前）384-322）が残した言葉を手掛かりにして考えていきましょう。それはこういうものです。

「タレスは、そのような哲学〔知恵を愛し求めること〕の創始者であるが、水が万物の原理であると主張した」

1　「哲学の創始者」タレス

知者と哲学者

アリストテレスの『形而上学』という書物に書かれているこの言葉をもとに、紀元前6世紀の前半に活躍したタレス（BC624ごろ-546ごろ）という人物が、今日では一般に、哲学の創始者と認められています。ギリシア本土の対岸にあり、エーゲ海に面したミレトスという都市（ポリス）に生まれ育ったタレスは、「ギリシア七賢人」の1人としても有名な人物です。西にはペルシアという強国が位置しており、政治家としてもさまざまな策を講じました。彼自身は本を書かなかったそうですが、日蝕を予知したなど、多くの逸話が残されています。そ

して、タレスよりも二百年以上も後に生きたアリストテレスは、特に「水が万物の原理である」というタレスの主張に注目し、そこに哲学のはじまりを見たのです。けれどもその主張は、一見したところ、とても奇妙なことを、さらには内容という点では、間違ったことを述べているだけのようにも見えます。ひょっとすると、哲学はその始まりから、変わったひとが変わったことを述べていたのだな、といった印象を抱いてしまったかもしれません。けれども、決してそうではないのです。

タレス

　ところで、アリストテレスの証言を説明する前に、少し「哲学」という言葉そのものについて、いくつかのことを確認しておきましょう。というのは、先の証言においても〔知恵を愛し求めること〕と示したように、もともとのギリシア語「フィロソフィア」は、「知恵を愛し求めること」という極めて素朴な意味であり、わたしたちが今日思い浮かべる「哲学」とは大きな隔たりがあるからです。ギリシア語「フィロソフィア」は、わたしたちの言葉で言うと「知的好奇心」のほうが、おそらくより近いでしょう。「知りたい」と願う気持ちのことです。ですから、「哲学者（フィロソフォス）」とはそういう気持ちを抱いているひとのことなのです。また、同時にそこには、わたしは「知者（ソフォス）」ではない、という自覚がそなわっているのです。タレスにまつわる逸話の1つが、そのことを示しています。タレスは、「七賢人」すなわち「知者」の1人とみなされていたのですが、「知者のもとに届けよ」という神託にもとづいて彼に贈られた黄金の鼎を、神アポロンに奉納したということです。真の「知者」は神のみであって、有限さをそなえている人間は、せいぜいのところ、知を愛し求める者にすぎないということなのでしょう。

2 「そのような哲学」とは？——「万物の原理」についての知恵を求めて

神話から哲学へ

では、アリストテレスの言葉を見ていくことにしましょう。今述べたように、哲学〔知恵を愛し求める〕とは、もともとは素朴な意味であったとはいえ、アリストテレスの時代には、やはり特別な営みと理解されていたようです。そのことは、彼の証言に「そのような哲学」といった形容がされていることから見て取れます。それはどのようなものなのでしょう。それを考察するにあたって、アリストテレスによるたいへん興味深い対比的な表現があります。彼は、「知恵を愛する者〔哲学者〕」の登場を語るときに、それ以前のひとたちのことを「神話を愛する者」と呼びました。「神話を語る者」とも呼んでいます。その際にアリストテレスは、『神統記』『仕事と日々』といった作品を残したヘシオドス（BC700年ごろ）の名前を一例としてあげています。ヘシオドスによるそれらの作品では、わたしたちの住むこの世界が、神々から生まれ、神々によって支配されていると語られています。最初に混沌（カオス）があり、大地の女神（ガイア）が云々、という具合にです。また、人間の生き方についても、「鉄の種族」といった位置づけがなされ、あるべき人間のすがたが語られています。つまり、彼ら「神話を愛する者」とは、わたしたち人間のありかたも含めて、この世界が今このようなかたちで存在している理由、原理を、神話に語られている「神々」に見いだし、そのありかたを愛し、語るひとたちなのです。アリストテレスが言うには、そこで語られているのは「彼らにとって真実に見えるもの」にすぎません。また、「われわれの理解を超えている」とさえ彼は言います。なぜなら、それが真であるかどうか、検討することすらできないからです。そして、そういったひとたちと比べて、アリストテレスは「知恵を愛する者」たちの登

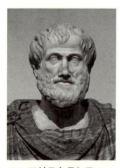

アリストテレス

場を、時代の新しい動向とみなしたのです。

　アリストテレスは、「神話を愛する者」と対比的に「知恵を愛する者」を述べると同時に、前者と同じ意味である「神話を語る者」と対比して、「自然を語る者」という表現も用いています。そしてまさにこの「自然を語る者」という表現が、「そのような哲学」のありかたを説明してくれているでしょう。ただ、ここでの「自然」という言葉にも、やや注意が必要です。わたしたちは今日、「自然を満喫する」「自然を恐れる」「自然を支配する」といったかたちで、自然を人間の対象として理解することに慣れています。しかし、当時のギリシアでいわれる「自然」は、「この世界に生まれているもの全て」「万物」「宇宙万有」を意味し、人間は決して、それに関わる主体として特別に存在しているのではなく、むしろ人間もその一部として存在しているにすぎないのです。そのような自然が、いったいなぜこのように存在しているのか、その理由、原理を、語ろうとしたひと、それがアリストテレスの言う「最初の哲学者」なのです。当然のことながらそこには、「神話を語る」のではなく、という対比があります。それも含めていうなら、哲学者とは、存在しているもの全て、すなわち自然の原理について、権威や伝統に頼ることなく、自分の理性で考え、自分の言葉で表現しようとしたひとのことである、といえるかもしれません。そのような仕方で、そのような知恵を愛し求めたのです。そして、今述べた「理性」「言葉」という表現は、ギリシア語ではともに「ロゴス」と言います。それに対して「神話」のもとのギリシア語は「ミュートス」です。いずれの単語も、どこかで耳にしたことがあるのではないでしょうか。ギリシアにおける哲学の誕生は、「ミュートスからロゴスへ」という標語でしばしば言い表されるのです。

　以上のような背景をふまえて、わたしたちは「万物の原理は水である」というタレスの主張を理解しなければなりません。確かに、その主張だけを見るなら、それが事柄を正しく言い表していない点で、偽であることは明白でしょう。「全ては水からできている」のではないことを、わたしたちはすでに知っています。しかしながら、わたしたちはその主張にたどり着いた態度、姿勢といっ

3 「水である」をめぐって——原理としての水

存在の探求としての哲学

　ところが、実はアリストテレスも、タレスのこの主張を、内容に関してはあまり高く評価してはいませんでした。それは、どういう理由によるのでしょうか。最初にあげたアリストテレスの証言の少し前の箇所に、「最初に知恵を愛し求めたひとたちの大部分は、素材のかたちで考えられる原理のみを、万物の原理とみなした」という言葉があります。そのなかの「素材のかたちで考えられる原理のみ」という部分が、アリストテレスによる批判となっているのです。「素材」とは、これまでは「質料」という言葉に訳されてきましたが、「全ての事物がそれから成り立っているところのもの、最初にそれから生成し最後にまたそこへと滅んでいくところのもの」です。アリストテレスは、タレスの主張の成り立ちをこう推測しました。「おそらく、全てのものの養分が水気のあるものであり、熱そのものさえも水気のあるものから生じ、また水気のあるものによって生存しているのを見てのことであろう」。そしてこのタレスを含めて、最初の哲学者たちはみんな、存在するものの原因、原理を説明するにあたって、「素材」にしか注目することができなかった、とアリストテレスは批判するのです。

　アリストテレス自身は、事物の原因は「何から」という物質的な側面によってだけでなく、それがそもそも「何であるか」ということを、そして「何によって」そのようになったのかを、さらにはそのように存在するのは「何のため」なのかを、説明する必要がある、このように考えていました。それぞれの原因は、「素材因」「形相因」「始動因」「目的因」と呼ばれ、アリストテレスの「四原因説」として後に議論されるようになります。その考えからすると、タレスの主張は、水から、いったい何が、どのようにして、何のために生じてくるのか、の説明はできていないかもしれません。

けれども、このアリストテレスの評価に対しては、一言、タレスの側に立って弁明をしておくことにしましょう。そのためには、タレスに関する別の証言をあげる必要があります。それは、ディオゲネス・ラエルティオス『ギリシア哲学者列伝』が伝える「タレスは万物の原理は水であるとした。そして世界は生きたものであり、神々に充ちているとした」というものです。この前半部分は、アリストテレスのものとほぼ同じです。全てのものは水からできている、と言われています。ところがそのつづきで、水からできている世界が「生きたもの」と言われ、さらには「神々に充ちている」とまで言われているのです。この証言を読むかぎり、タレスの語った「水」は、決してアリストテレスの言うような「素材」ではなかった、という印象を受けるのではないでしょうか。むしろ、アリストテレスの原因の分類を借りるなら、少なくとも「始動因」を含むような、あるいは「目的因」もうちに含むような「水」であるように思われるのです。つまり、タレスの語った「水」をアリストテレスの「四原因説」の枠組みにあてはめて理解することは、それがもともと持っていたかもしれない豊かな可能性を消してしまう、そのようにいえると思います。

4　タレスの後継者たち——彼らの偉大さ

探求の継続としての哲学

　さて、アリストテレスは、タレスを含めて「最初に知恵を愛し求めたひとたち〔最初の哲学者たち〕」といういい方をしていました。そこで、タレス以外の哲学者たちを何人か取り上げてみることにしましょう。なぜなら、そこにもまた「哲学」のとても重要な点が示されると考えるからです。取り上げるのは、アナクシマンドロス（BC610ごろ-546ごろ）とアナクシメネス（BC585ごろ-525ごろ）の２人です。彼らはともに、タレスと同様にミレトスで活躍しました。３人あわせて「ミレトス学派」と呼ばれています。アナクシマンドロスはタレスの弟子で、アナクシメネスはアナクシマンドロスの弟子であったと伝えられます。それぞれの主張を見る前に、彼らを重要とみなす理由を述べておくことにしま

しょう。それは、彼らがいずれも自分の師の主張を批判的に検討した、という点にあります。つまり、アナクシマンドロスは師であるタレスの主張を、アナクシメネスは師であるアナクシマンドロスの主張を批判し、自らの説を述べたという点です。というのは、もし、タレスの「水が万物の原理である」という主張を、弟子であるアナクシマンドロスが、先生のおっしゃることはもっともだ、それは素晴らしい説であってわたしはその説の普及に努めよう、と考えたとしたら、どうだったでしょう。ひょっとすると「知を愛し求める」という営みは、その時点で消滅していたかもしれないのです。つまり、タレスの主張が、新しい「神話・物語」となってしまい、アナクシマンドロスは新たな「神話を語る者」になってしまったかもしれないのです。しかし、そうはなりませんでした。アナクシマンドロスも、そしてその弟子アナクシメネスも、自分の理性で考えて、自分の言葉で表現しようという、先に述べたロゴスの立場を貫いたのです。哲学の歴史において、すなわち「知を愛し求める」という営みの歴史において、確かにタレスは誰よりも重要な一歩を示したといえるでしょう。だがそれと同じくらいの重要性を、タレスの弟子たちは示しているのです。以下では、弟子たちの主張を、この重要性に関する点に限って見ていくことにします。

　まず、アナクシマンドロスは、やはりアリストテレスの言う「自然を語る者」だったのでしょう。『自然について』という本を書いたと伝えられます。ただ、残念ながら、その著作からとされる断片はたった１つしか残されていません。彼は、アリストテレスの評価によると「素材のかたちで考える原理のみ」を語ったとされています。ただそれでもアナクシマンドロスの場合、今日では、自然について、一貫性をもった総合的な説明の仕方へより段階を前に進めた、と評価されることが多いようです。その際に鍵となるのが、「素材因」として語られた「無限定なもの」という考え方です。アナクシマンドロスが、タレスの「水」という原理を否定し、「無限定なもの」にたどり着いた過程は、それほど難しいものではありません。というのは、アリストテレスの先の証言

によれば、タレスは素朴な経験にもとづいて、原理としての水にいたったようですが、「全ては水からできている」という主張の困難さは、容易に思いつくからです。水はわたしたちに身近に経験される物質です。そして水は、例えば「冷たい」という性質、あるいは「湿っている」という性質をもちます。ところが、「全てが水からできている」とするならば、例えば

アナクシメネス

「熱いもの」「乾いたもの」といった、水と正反対の性質をもつものがどのようにして生じるのか、はたしてそれが可能なのか、という疑問が生じるのではないでしょうか。アナクシマンドロスは、「万物の原理」を、わたしたちが直接に経験するような、ある特定の性質をもつ物質とみなしたのでは、この世界に存在する多様な性質をもつものの説明ができない、このように考えたのです。そうしてたどり着いたのが、特定の性質によっては限定されていないもの、すなわち「無限定なもの」なのです。

　アナクシマンドロスに続く、彼の弟子アナクシメネスは、同様に自然を自らの理性で考察し、自らの言葉で説明しようとしました。アナクシメネスは、性質は無限定ではありながらかつ一定の仕方で定義されうるものに「万物の原理」を見いだそうとし、「空気」がそれであると主張したのです。おそらく、アナクシマンドロスの語った「無限定なもの」が、あまりにとらえどころのないものと理解されたからでしょう。もちろん、ではどうやって反対の性質をもつ存在の説明ができるのか、という問いに対しても、アナクシメネスは自らの答えを用意しています。それは「濃密化」「希薄化」という空気の量的な変化による説明です。それについては、アナクシメネスの直接の断片ではなく、後の中期プラトン主義者と呼ばれ、『英雄伝』という書物でわたしたちにもたいへんよく知られているプルタルコス（46/47-120ごろ）が、たいへん分かりやすい説明をしてくれています。つまり、わたしたちが口をすぼめて強く息を吹き出したとき、その息は冷たく感じられ、口を広く空けてゆっくりと息を吐いたときには、息が熱く感じられる。それが希薄化と濃密化という事態だ、という

ミレトスの遺跡

のです。この世界において反対の性質をもって存在するものどもは、「空気」という性質は無限定であるけれども、「空気」として定義されるものを原理とすることによって、説明されることになるのです。

　残念なことに、タレス、アナクシマンドロス、アナクシメネスの後、ミレトスの地での「知恵を愛し求める」営みは、継続性を失ってしまったようです。ミレトスはBC494年、ペルシア帝国のもとに陥落してしまいました。時代背景、特に政治状況と切り離して、哲学という営みが存立することはありえなかったのです。けれども、陥落をむかえる前からすでに、そういった政治状況を察して、ミレトスを含むイオニア地方に生まれ育った哲学者たちは、南イタリアやシケリア島に移住しはじめていたと伝えられます。そうして、場所が変わったといえ、哲学の批判的精神はその後も受け継がれました。クセノパネス（BC580ごろ-485ごろ）やピュタゴラス（BC570ごろ-497/6）といったひとたちが、自らの理性で考え、自分の言葉で説明するという営みを続けたのです。そのとき、ミレトス学派の主張もまた、批判を免れることは決してありませんでした。このようなかたちで、自然についての原理を求める営み、すなわち、哲学の歴史は続いていくことになります。地中海周辺地域へとその営みは広がり、主張される内容はより多彩に、より独自なものへと展開されていったのです。

さて、「哲学」という学問を定義することの困難さをはじめに述べていました。その困難さの理由を、タレスに続く哲学者たちの主張から、すでに見て取ることができたかもしれません。けれどもその一方で、彼らに共通する何かを感じ取ることもできたのではないでしょうか。みなさんには、哲学の多様さに絶望をいだくのではなく、むしろ魅力として受け取り、このあと今日まで連綿とつづく「知を愛し求める」営みをさらにたどってほしいと思います。

演習問題

1) わたしたちは「自然」という言葉で、どのようなものをイメージするでしょうか。
2) 自然の原理についてミレトス学派のひとたちは「水」「無限定なもの」「空気」といった回答をあたえましたが、みなさんならそれらに対してどのような批判をするでしょう。
3) アリストテレスの「四原因説」を調べ、具体的な例をあげて説明しましょう。
4) アリストテレスは、本文中であげられた原理を「素材因」とみなしました。けれども、本当はどうなのか、さまざまな資料にあたり確認してみましょう。

関連文献

アリストテレス［1959/1961］『形而上学』（出隆訳）、岩波文庫。
内山勝利他編訳［1997-1998］『ソクラテス以前哲学者断片集』岩波書店。
内山勝利他編［2007/2008］『哲学の歴史』（1巻）、中央公論新社。
ディオゲネス・ラエルティオス［1984-1994］『ギリシア哲学者列伝』（加来彰俊訳）、岩波文庫。
廣川洋一［1997］『ソクラテス以前の哲学者』講談社学術文庫。

第2章　中世哲学
哲学はキリスト教とどう関わるか？

はじめに——哲学とは何か？

　以下では、主に西ヨーロッパに限定することになりますが、「中世哲学」とはどのようなものであるのかを明らかにしていきたいと思います。そのために、まず、そもそも「哲学」とは何を意味するのかを、確認するところからはじめましょう。それはおおまかには、世界の特性や人生の目的とは何であるのかという問いに対して、理性によって自由に思索をめぐらし、真実の答えをあたえようとする営みを意味するといってよいでしょう。実際哲学そのもののはじまりは、古代ギリシア人がそうした問題に対して、以前のように宗教や神話によるというよりはむしろ、宗教的・神話的意識を背後にもっていても、自由な思考によって答えようとしたところに認められるものなのです。

1　中世という歴史上の時代区分

中世とは何か？
　では哲学が「中世」におけるものとされるとき、それは何を意味することになるのでしょうか。中世という言葉そのものが多義的ですから答えはさまざまでしょうが、しかし今はまず、中世という言葉が指す歴史上の時代区分を意識して答えようと思います。そうすると中世哲学とは、「古代と近世の中間の時代に行われた哲学」を意味することになるでしょう。
　そもそも中世という言葉を発明したのは、14世紀ごろからはじまる「ルネ

サンス」(それは文字通りには「再生」を意味します)の時代を生きた人文主義者たちでした。実際彼らの目からすれば、5世紀ごろにおわるギリシア・ローマ時代は、理想的な文化を生み出した時代であり、自分たちの生きる時代は、その文化を深く研究し復興させようとする時代なのです。そうした再生史観のもとに、その2つの時代の中間の時代を指すものとして発明されたのが、中世という言葉でした。

中世のルネサンス

ただし注意が必要なことですが、以上のようなルネサンスの再生史観は、そのまま鵜呑みにはできません。その歴史観によれば、あたかもギリシア・ローマ時代の文化は中世を通じて失われてしまっていたかのようです。しかし実際には中世でも、その文化を再生させる運動が繰り返し行われていたのです。9世紀に、多数の学者がフランク王国のカール大帝(742-814)の宮廷に招かれ、そこを中心に花開くことになった「カロリング・ルネサンス」や、その後、ギリシアの古典がイスラーム圏やビザンツ帝国から西ヨーロッパに移入され、その地域の学問や文芸が多大な刺激を受けて発展することになった「12世紀ルネサンス」は、比較的よく知られているものです。

2 キリスト教哲学としての中世哲学

今度は、中世において展開された哲学の内実を意識して、中世哲学とはどのようなものであるのかという問いに答えてみましょう。その展開が実に多種多様なものだったことをふまえれば、確かにこの場合も答えはいくつも考えられるでしょう。しかしここでは中世の人びとの世界観や人生観に大きな影響を及ぼした、特に重要な宗教を意識して答えてみたいと思います。そうすると、中世哲学とは、一言でいえば「キリスト教哲学」であるということになるでしょう。

もちろんキリスト教は、ナザレのイエス(BC4ごろ-AD(紀元後)30ごろ)が神

の子、救い主（キリスト）であると信じる宗教として、1世紀ごろ中東で、ユダヤ教を母胎に誕生したものである以上、最初から西ヨーロッパで知られていたわけではありません。しかしいったん成立すると、それは時間をかけてその地域全体に根を下ろすようになり、やがて中世になると教会や修道会を通じて、人びとの日常生活全般にはもちろん、文化や思想にも絶大な影響を及ぼすことになりました。キリスト教は、世界の特性や人生の目的にかんする問題についての答えを、中世の人びとに教える役割をも果たすようになったのです。その答えは、例えば、この世界は全知全能の神によって創造され、摂理され、統治されるとか、人間は来世において神をあるがままにみること（これは「見神」や「至福直観」と呼ばれます）を目指して生きなければならないとかいったものでした。

こうして中世の人びとは、同様の問題に対して理性によって自由に答えようとする場合でも、信仰によってすでに受け入れている、以上のようなキリスト教の教えをも意識せざるをえませんでした。中世哲学の内実が、キリスト教との結びつきにおいて展開された哲学、つまりキリスト教哲学であると規定されるゆえんです。ただしその展開は、おおまかにいって、12世紀ルネサンスが起こってから一変します。そこで以下では、哲学がキリスト教に対してどのような関わり方をしたのかを、12世紀ごろまでと、12世紀なかごろからに分けて紹介することにしたいと思います。

3　12世紀ごろまでの中世哲学

アウグスティヌス的な立場

まず中世初期から12世紀ごろにかけての哲学のキリスト教との関わり方についてですが、それは基本的には「教父」と呼ばれる人びと（2世紀ごろから8世紀ごろにかけて、キリスト教の正統な教えや信仰を著述した人びと）によって確立されました。

もちろん、「不条理であるからこそ信じる」というスローガンによって表現されるような、哲学を敵視しキリスト教から遠ざける、テルトゥリアヌス（160

ごろ-225ごろ）に代表される立場もありました。彼は、イエスが神の子であるにもかかわらず十字架に架けられて死んだことを信仰によって受け入れるがゆえに、信仰の合理化を拒絶する以上のような主張をしたのでした。

しかしこの立場が主流を占めることはついにありませんでした。少なくとも12世紀ごろまで主流となったのは、「理解するために信じる」というスローガンによって表現されるような、哲学をキリスト教と連続するものとしてとらえようとする、アウグスティヌス（354-430）によって代表される立場でし

アウグスティヌス

た。彼のみるところでは、キリスト教の信仰は理性的探究としての哲学を否定するものではなく、かえって自身の基礎となるものやその含意を解明するためにそれを必要とするのです。実際彼の著作で今日最も有名なものの1つは、その前半部が後代の自伝全ての原型であるとされる『告白』（397-400年）でしょうが、そこにも彼のこの考えは反映されているとみることができます。例えばその後半部には、時間とは何であるのかを問う良質な議論も含まれるのですが、その議論もまた、実はキリスト教の聖書解釈の一環として行われているのです。

確かにアウグスティヌス自身は、4世紀から5世紀にかけて生きた古代ローマの人物でした。しかし彼のその考えは、確実に中世の人びとに受け継がれ、哲学のキリスト教との関わり方の基本的な方向を定めていくことになりました。

例えば11世紀に活躍し、12世紀に入ってすぐに亡くなったアンセルムス（1033ごろ-1109）は、それを最もよく体現した人物の1人であるといってよいでしょう。実際彼は『プロスロギオン』（1077-1078年）という著作の中で、「神は存在する」という命題を疑いえない真理として信仰によって受け入れるところから出発して、この命題をただ理性のみによって必然的根拠にもとづいて証明しようとしました。それはより具体的にいえば、神を「それより偉大なものが何も考えられえない何ものか」と定義した上で、背理法を用いてその存在の

真であることを明らかにする、というものだったのです(これは今日では「存在論的証明」と呼ばれるタイプの神の存在証明です)。

新プラトン主義

しかしそれにしても彼らは、以上のように哲学をキリスト教と融合させる考えを、どうしてもつことができたのでしょうか。その要因の1つは、「新プラトン主義」が古代末期におけるその成立以来、哲学の典型であり続けたところに求められるでしょう。

いうまでもなくプラトン(BC427-347)は、紀元前5世紀から4世紀にかけて生きた古代ギリシアの哲学者であり、死後、いくつもの学派を生み出しました。新プラトン主義は、そのうち3世紀の人物プロティノス(205ごろ-270)によってプラトンの「イデア論」を発展させられて確立された学派を指します。

プラトンは、感覚によってとらえられる移りゆくものの世界と、イデア、すなわちその原型となる、ただ知性のみによってとらえられる不変的なものの世界があると考えました。プロティノスは、この二元論的な世界観を引き継ぎつつも、プラトン自身が明確に語っているわけではない仕方で、この2つの世界を橋渡ししようとします。すなわち万物は、あたかも光が太陽から放たれるかのように、神と呼ばれる一者を源泉として、そこから、まず知性的な世界に属するもの、次に感覚的な世界に属するものという順で、上方から下方に向かって流出してきます。その一方で、流出してくるもののうち、知性的なものは一者に向かって上昇し還帰しようとします。例えば人間の魂は、身体と結びついており、その限りでは感覚的な世界にも属していることになるのですが、そこから解放され、まずは純粋な精神である知性に戻ることを目指し、最終的には知性を超えて一者に結びつこうとするとされました。

以上のような流出論と還帰論が新プラトン主義の特徴ですが、それはもちろんキリスト教の正統の教えそのものではありません。そこにはアウグスティヌスが『告白』の中で不満を漏らしているように、キリスト教によって重視される謙遜も、その極みとされる受肉(神が人類の救済のために神でありながら肉を取り、

人間として生まれること）もありません。しかしそれでも新プラトン主義の流出論や還帰論は、キリスト教の説く創造論や神認識の道と親和的です。新プラトン主義はキリスト教の教えの理解を進める上で、あるいはその世界観や人生観を体系化する上で、基本的には役に立つとみなされうる哲学だったのです。アウグスティヌスがやはり『告白』の中で、自身のキリスト教への回心のきっかけとなったのが、新プラトン主義の著作との出会いであったことを示唆しているのも、単なる偶然ではないのです。

4　12世紀なかごろからの中世哲学

アリストテレス哲学の衝撃

　ところが12世紀もなかごろになると、こうした事態が一変します。哲学をキリスト教と融和させる意識よりも、むしろ両者を区別あるいは対立させる意識が強く出てくるようになったのです。ここで決定的な役割を果たしたのが、当時うまれて間もない大学を中心に研究されることになった、古代ギリシアの「アリストテレス哲学」でした。

　紀元前4世紀の人物であるアリストテレス（BC384-322）は、「万学の祖」と呼ばれることからも知られるように、ひじょうに多岐にわたる分野を研究し、数多くのすぐれた著作を残しました。しかし西ヨーロッパでは、12世紀までは、そのうち論理学関連の著作の一部しか知られていませんでした。自然学や形而上学、それに倫理学関連の著作のような彼の哲学の本体が西ヨーロッパで研究されるようになるには、それらを保存し研究していたイスラーム圏との交渉が盛んになり、それらが12世紀なかばから13世紀にかけてラテン語に翻訳され、そこでも流布するのを待たなければならなかったのです。しかしひとたび流布がはじまると、そこから知られるアリストテレスのスケールの大きな哲学大系は、この世界を合理的に理解するのに極めて有効であることが承認され、大学ではやがて公式にカリキュラムに組みこまれるようになるほど熱心に研究されるようになったのです。

ただしアリストテレス哲学は、一見、キリスト教の信仰と相容れないようにみえる学説もいくつか含んでいるので、かならずしも無条件に称讃され、受容されたわけではありません。例えば彼の自然学説は、この世界をはじめもおわりもない永遠のものとしてみなしますが、キリスト教の世界観は、神の創造によるこの世界のはじまりを認めることから、前者は後者と相容れないものとして、危険視されたり拒絶されたりすることもあったのです。

同様に、信仰との関係で人びとに衝撃をあたえることになったのは、アリストテレスの知識論でした。問題となったのは、やはりあらたに知られるようになった彼の論理学書『分析論後書』でした。そこでは、「学問的知識」とはそもそも何であるのかが厳密に規定されており、それは、概括的にいえば、例えば矛盾律（あるものが同じ観点のもとに「あり」かつ「ない」ことはありえないという論理学の法則）のような、誰もが明証的に真であることを承認する自明な原理から、妥当な推論を経て導き出された結論についての知識であるとされていました。しかしながら、キリスト教の信仰も、またそれにもとづきつつ哲学の手を借りて体系化された神学も、一見、そのような手続きを欠くようにみえます。実際神学の出発点となる原理は、聖書と教会が信じられるべきであると教える事柄、つまり信仰箇条であり、受肉はその1つですが、そこに誰もが承認する明証性や自明性を認めるのは容易ではないでしょう。そしてその結果、神学は、救済のような大切な事柄にかんしても、確かなことを教える知識であるとは、とてもいえないことになってしまうのではないかと考えられたのでした。

トマスの立場とオッカムの立場

こうして12世紀もなかごろをすぎると、神学と哲学、あるいは信仰と理性の関係が真剣に検討される必要性が生まれたのですが、しかしそれにしても、信仰やそれまでに培われてきた神学の価値をおとしめかねない以上の問題に対しては、どう答えることができるのでしょうか。

確かに13世紀後半には、アリストテレス哲学をただそれ自体として徹底して解釈するという方針から、キリスト教の教えとのその関係の解明には抑制的

であり、したがってこの問題についても深くは関わらない人たち（彼らは、彼らが信奉していたイスラーム圏のアリストテレス注釈者イブン・ルシュド（ラテン名アヴェロエス、1126-1198）にちなんで、「ラテン・アヴェロエス主義者」と呼ばれます）があらわれました。しかし彼らの前後には、キリスト教の立場を尊重しつつ、この問題に対する解決策を提示する人たちもあらわれました。ここではそのうち好対照をなす2つの代表的な解決策を紹介したいと思います。

オッカム

　まず、第一の解決策ですが、それは13世紀後半から14世紀前半にかけて生きた鋭利な頭脳の持ち主オッカム（1285ごろ-1347）の立場にみられます。オッカムは、ラテン・アヴェロエス主義者のように哲学が神学から独立のものであることを強く志向しながらも、彼らとはちがい、神学もまた学問的知識であることを明確に主張しました。確かに彼は、明証的で自明な原理によって引き起こされた認識でなければならないという学問的知識の条件（これを「明証性条件」と呼ぶことにしましょう）は神学には当てはまらないとして、神学がその限りでは学問的知識ではないことを承認しました。しかしその一方で彼は、やはり『分析論後書』から抽出できる学問的知識の別の条件、すなわち過誤や疑いのない確実な認識でなければならないという条件（これは「確実性条件」と呼ぶことができるでしょう）を持ち出し、神学はそれを満たす限りでは学問的知識たりうると主張したのです。そして彼にとって、以上のような学問性をもつ神学が、原理的に明証性条件を満たす認識を得ることのできる哲学とは、はっきりと区別されるものであったのはもちろんのことです。

　次に、第二の解決策ですが、それは13世紀に生きた、一見、相異なるもの同士を調和させる才能のあったトマス・アクィナス（1225ごろ-1274）の立場にみられます。トマスは、神学と哲学を明確に区別し、神学もまた学問的知識であると考えたところまではオッカムと同じです。しかしながらその際トマスは、オッカムとはちがい、明証性条件を断念することなく重視し、神学はそれを何

トマス・アクィナス

らかのかたちで満たすことによって学問的知識たりうると考えました。もちろんトマスの場合でも、この地上の世界で人間によって行われる神学は、信仰箇条を真であると信じることから出発します。しかしだからといって神学は、自明な原理によって引き起こされた認識であることを否定されるわけではありません。というのは、信仰箇条は、確かに地上の世界で生きる人間の理性には明証的ではありませんが、しかしながら、それを啓示した神や、天上の世界で生きる人間の理性にはそうでありうるからです。これは、今日、医学が自然科学として、物理学の原理に依拠して成立することにたとえられるでしょう。現に医学は、一般には、自身の依拠するその原理を吟味し直すことなく、実際に理に適った真実であると信じて受け入れるところから出発しているのではないでしょうか。トマスは以上のように、神学の出発点となる信仰箇条が本質的には明証性をともなう理性的把握の可能なものであることを承認することによって、神学は学問的知識たりうると主張しました。そして彼にとって、以上のような学問性を備える神学は、その明証化可能性の承認によって確保されるように、明らかに哲学と同様、合理性を認められるものでありながら、しかしやはり明確に哲学とは出発点を異にするがゆえに区別されるものであることになりました。

　以上のようにトマスもオッカムも、アリストテレス『分析論後書』の知識論を意識しながら神学と哲学を明確に区別しました。しかしトマスは、いわば信仰を含み込んで働く理性の可能性を認め、合理性を広義に解釈することによって、神学の学問性を確保しようとしたのに対して、オッカムは、そのような理性の可能性を承認するのを断念し、理性的活動の領域をいっそう限定的に、より厳密に理解することによって、神学の学問性を確保しようとしたといえるでしょう。

おわりに——調和の時代から分離の時代へ

　最後に以上にみてきたことを要約しておきましょう。(1) 西ヨーロッパの中世哲学は、キリスト教との結びつきにおいて展開されたキリスト教哲学であり、(2) 12世紀ルネサンスが分水嶺となって、その結びつきには大きな変化が認められるものでした。具体的には、(3) 哲学をキリスト教と融合させる立場が12世紀ごろまでは主流でした。そこでは、キリスト教の信仰はその内実を明らかにするために、理性的探究としての哲学を要請すると考えられていました。ところが、(4) 12世紀なかごろから、アリストテレス哲学の受容にともなって、キリスト教神学の学問性が問題になると、神学と哲学、信仰と理性の関係が意識的に課題とされ、哲学をキリスト教から分離させる立場もあらわれるようになりました。こうして中世になってあらわれたキリスト教信仰と理性の問題は、その後の近世哲学においても引き継がれ、さまざまな思索を引き起こすことになります。

演習問題

1) キリスト教とはどのような宗教でしょうか。その成立過程、その主要な教えを調べてみましょう。
2) キリスト教は、どのような過程を経て西ヨーロッパに根を下ろし、どのような影響をその文化に及ぼしたのでしょうか。
3) 理性と信仰（哲学と神学）はどのような関係にあるのでしょうか。アウグスティヌスやトマス、オッカムの考えも参考にして、考えてみましょう。
4) 「存在論的証明」とは、神のどのような存在証明かを調べ、賛成できるかどうか検討してみましょう。
5) 神の存在証明には他にどのようなタイプのものがあるかも調べ、やはり賛成できるかどうか考えてみましょう。

関連文献

飯田隆他編［2008］『岩波講座　哲学13　宗教／超越の哲学』岩波書店。
上枝美典［2007］『「神」という謎［第2版］』世界思想社。
内山勝利他編著［1996］『西洋哲学史　古代中世編　フィロソフィアの源流と伝統』ミネルヴァ書房。
内山勝利他編［2007/2008］『哲学の歴史』(3巻)、中央公論新社。
ジョノー，É.［1964］『ヨーロッパ中世の哲学』(二宮敬訳)、クセジュ文庫、白水社。
中川純男他編［2005］『中世哲学を学ぶ人のために』世界思想社。
服部英次郎［1976］『西洋古代中世哲学史』ミネルヴァ書房。
マクグラス，A. E.［2008］『総説　キリスト教』(本多峰子訳)、キリスト新聞社。
マクグレイド，A. S.編［2012］『中世の哲学　ケンブリッジ・コンパニオン』(川添信介監訳)、京都大学学術出版会。
山我哲雄［2014］『キリスト教入門』岩波ジュニア新書。
リーゼンフーバー，K.［2000］『西洋古代・中世哲学史』(矢玉俊彦他執筆協力)、平凡社ライブラリー。
リーゼンフーバー，K.［2003］『中世思想史』(村井則夫訳)、平凡社ライブラリー。

第3章　近世哲学
科学時代の到来の中の哲学

はじめに

体と心

　みなさんが風邪をひいて医者に行ったとしましょう。医者が、「これから、あなたに点滴をしますがいいですか」とたずねるのはあたりまえのことでしょう。でも「あなたの心が穢れているから風邪をひいたのです。心を改善しないと風邪は治りません」と説教されたとしたら、みなさんは、驚いてしまうでしょう。もちろん心理学者や心療内科の医者が、診察の特定の脈絡のなかで人間の内面について語ることはあるかもしれません。だけれど、普通の風邪でこんなことをいわれたら、この医者、ちょっと危ない、と思うでしょう。でもどうしてでしょうか。

　他にも、「あなたの不幸はあなたの家の玄関の向きが悪いからだ」、とか、「先祖供養の仕方がマズいからだ」といって、高額なリフォームや物品を押しつけてくる詐欺師はたくさんいます。そういう詐欺まがいのことをする方々のなかにも、自分たちが詐欺をしているのではなく、本当にそうだと強い信念をもってそうしている人もいるかもしれせん。血液型占いや星占いにちょっとした信頼を寄せている人たちはたくさんいます。数百年前のヨーロッパ（に限らず）では、疫病がはやると魔女狩りが行われたし、神の怒りによって天災が引き起こされたと教会などで大真面目に説教されていました。現代では、こういうことは、一種のデマや迷信だと思われていて、天災に神の罰などを真面目にもちだす人は、むしろ奇妙な発言をするおかしな人とみなされます。でもいつ

から、どうして、われわれは、例えば先に述べたような医者を胡散臭いと思えるようになったのでしょうか、あるいはなってしまったのでしょうか。

心の概念の転換

テレビ番組や市井のシンポジウムなどで、一般人を前にして、現代の科学技術批判をする評論家を多く目にすることがありますが、お決まりの話の1つに、人間の心の問題があります。「現代人の心は貧しくなっている」とか、「自然との結びつきを失ってしまった」「心と体の結びつきはとても大切で、東洋のいにしえの思想にヒントがある」などと。ちょっと優しい方は、その優しさに惑わされずに考えてみてほしいのですが、例えば、「心と体は一体である」という、何とも意味深長な見方についてどう思われるでしょうか。

現代の科学批判などで、必ずやり玉にあげられるテーゼの1つは、「心身二元論」です。「心身二元論」とは心と体、広くは精神と物体とは別々の対象であるという思想です。17世紀にデカルト（1596-1650）という有名な哲学者が『方法序説』（1637年）や『省察』（1641年）というテキストの中で論じた考え方です。デカルトは「我思う、ゆえに我あり」（『方法序説』）で有名な人です。デカルトが、心と体を分離してしまった、それ以来、人間の心は貧しくなった、心身一体、心身一如こそ真理だと、大真面目に説く人もいます。

でもよく考えてみてください。もし、本当に、徹頭徹尾心と体が一体だったら、医者は恐ろしくてみなさんを治療できないですし、われわれも医者に行く必要を感じないでしょう。みなさんは、心臓を自分の心で念じて止めたり動かしたりできますか。虫歯になった歯を、麻酔を使わず、自分で抜けますか。特殊な訓練をした達人なら、体のある部分をある程度自由に動かせるでしょうが、自分の身長を1メートルから急に2メートルにできるなどという人は聞いたことはありません。逆に、これから、いきなり素人がバンジージャンプさせられると聞いたとき、いくら気を静めても心臓をドキドキさせないでいられるなどということも、まずあり得ません。心身一体ということの意味を正しく理解していないと、何も分かったことにならないということです。

デカルトは、古代ギリシアのアリストテレス（BC 384-322）以降、中世までの心のありかた、つまり心は生命の原理であり、植物も含め、われわれ人間まで貫くような存在物に共通の重要な働きとして魂が働いているという議論に、「否」を突き付けたのです。デカルトは、明晰判明に、はっきりと意識された心が把捉している対象以外を、分からないもの、把握できない対象として切り捨てたのです。この見方はみなさんの

デカルト

趣味には合わないかもしれません。でも、もう少し、考えてみましょう。みなさんは、自分が今はっきりと目覚めていて、自分が何をしているかをある程度説明できた時、自分の存在、あるいは自分について一定程度、分かった気になるのではありませんか。もちろん19世紀以降、フロイト（1856-1939）以来の心理学のように、無意識層をもちだして議論を組み立てれば、自分にとって分からない自分はたくさんある、という議論は成り立ちます。しかし、はっきり分からない無意識層の自分を理解しているのは無意識層のあなたではありません。意識しているみなさんが、心理学者に諭された自分を意識状態において理解したのです。同じように、植物に仮に心があったとして（実際それを検証しようとしている科学者もいますが）、昏睡状態で、植物と同じ状態に陥って、検証しているわけではありません。明晰に理解しようと実験器具を使用して「科学的」に検証しようとしています。

デカルトの方法

デカルトは、自分がはっきりと意識の領域で説明できない対象について語ることを、逆に不誠実であると考えたのです。みなさんは、心臓を自分の心で念じて止められません。ですから、心臓に違和感を覚えれば、医者で診察してもらいます。場合によっては医者は、患者を麻酔して手術しますが、その場合、医者は、（メンタルに関するカウンセリングは別として）手術中、あなた方の体を完全に物体として扱いますし、そうしなければ、怖くて手術などできません。だ

って、手術中にあなたの心に常に触れ続けていたら治療などできないからです。デカルトが心身二元論を論じた背景とは、要するに、今のわれわれが普通に感じている現実的な事態であるともいえます。いい換えると、心身二元論の見方は、われわれが日々の生活の中で体験し実践している見方なのです。心臓は心とは関係なく自律して動いているのです。

そうはいっても、風邪を引けば気が滅入るし、バンジージャンプを強要されれば、心臓はドキドキするではないか、といわれるでしょう。デカルトはこういう状況を無視したわけではありません。心と体は、基本的には、別のものなのだけれど、何らかのかたちで連関はしていると考えました（『情念論』（1649年）という本で論じられています）。ですから、デカルトがとった方法は、現実のありかたをしっかり分析し、検証できないやり方や概念、思想、対象を疑い整理し、場合によっては捨て去って、すっきりしたかたちで、現実をとらえようとしたのです。このデカルトに代表される世界の理解、人間理解が、現代のわれわれにまで通じるいわゆる「科学的」で「合理的」な方法ともいえるでしょう。

この心と体の問題、精神と物体の二元論の問題は、デカルトの後、かたちを変えて論じられていくのです。そこには実は神や存在一般の問題も複雑に絡んでいますが、それについては以降で考えていきましょう。

1　科学時代の到来としての近世

デカルトの時代

話を進める前に、まず、この章で論じられている時代背景を概観しておきます。デカルトはヨーロッパで起こった三十年戦争（1618-1648）というカトリックと新教派（プロテスタント）のキリスト教の内紛を軸とした宗教戦争のさなかに活躍しました。この三十年戦争からみて200年ほど前から、ヨーロッパが中世といわれる時代からルネサンスを経て、近世といわれる時代に入ります。近世が近代の早い時期と定義される場合、近代（あるいは現代）と区別されます。

三十年戦争より100年ほど前にルター（1483-1546）による宗教改革があり、

第3章　近世哲学　科学時代の到来の中の哲学　37

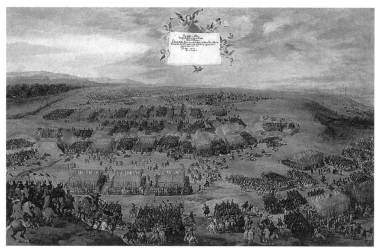

三十年戦争

　この時期は同時に大航海時代といわれた時代でもあります。この大航海時代以降、ヨーロッパ人の地理的な知見は著しく拡大し、社会的、文化的にヨーロッパは大きく変わります。中世の封建体制や教会の権威は、疫病のはやりなどと相まって大きく揺らぎ、都市階級が台頭します。また、航海術に必須の天文学の分野から大きな学問の変革が生じます。ドイツのケプラー（1571-1630）は天動説から地動説への転換を確かにし、イタリアのガリレイ（1564-1642）は、この地動説に関係する慣性の問題をアリストテレスの力学とは異なる新しい力学の問題として考えました。そして、ガリレイが死んだ翌年、かの有名なニュートン（1643-1727）がイギリスで生まれ、古典力学を完成させました。ニュートンと同じ時代、ドイツで活躍し、微積分をニュートンと同時期に発見したライプニッツ（1646-1716）の時代は、バロック期といわれます。この時代の活躍した大音楽家がバッハ（1685-1750）です。

近代科学の到来

　ニュートンの時代になると、イギリスを嚆矢として学問や文化の享受が一部の特権階級だけに限られるべきではなく、広く大衆に開かれるべきだという考

ベートーヴェン、第三交響曲『エロイカ』楽譜

え方が広まります。これは啓蒙の時代といわれます。この啓蒙の思想は、フランスにおいて、イギリスから遅れること約100年後にフランス革命（1789年）という政治闘争に結実します。これ以降、ロマン主義の時代に入ると定義されることが多いのですが、啓蒙の時代の末期に、逆にいえばロマン主義時代の最初の時期に活躍した哲学者がカント（1724-1804）です。音楽の分野ではモーツァルト（1756-1791）からベートーヴェン（1770-1827）の時代になります。これ以降、貴族、哲学者、科学者のみならず多くの人が鬘（かつら）をしなくなります。ベートーヴェンと生年が同じ哲学者がヘーゲル（1770-1831）で、フランス革命の寵児であるナポレオンがドイツ（正確には「神聖ローマ帝国」）に攻め込んでくる時代に彼は青春時代をおくりました。ドイツ観念論といわれる壮大な体系哲学の時代にあたります。

　ナポレオンの時代以降、ヨーロッパ社会は再編されます。そして最終的には帝国主義時代に突入し、20世紀を迎えるのですが、この帝国主義時代を折目として、近世から近代へと時代が区別されます。日本でいえば、戦国時代から江戸時代までがだいたい近世で、明治維新期以降が近代とされます。以上、ざっと、時代背景を記述しました。

　ところで啓蒙の時代、極端なかたちで、科学に全幅の信頼を寄せる思想が一世を風靡します。19世紀末に活躍し、「神は死んだ（正確には「神は死んでいる」）」といったニーチェ（1844-1900）を知っている方は多いでしょうが、むしろ、フランス革命期前後には、科学思想が神の世界支配に取って代わるような事態が、一部、過激に起きていました。ここに中世とルネサンス以降の近世を大きく分

かつ特徴があるというのは、大きくみて誤りはありません。科学を信奉するには、神や教会の権威あるいは世俗の権威ではなく、自分の頭を信頼すること、つまり理性（知性）を信頼するという態度が欠かせません。ですから、近世は理性論の時代といわれることもあります。

　ニュートンの時代ごろまでは、星占いや錬金術が大きな憧憬や信頼をもって語られることがありました。しかし、啓蒙の時代を機に、この風潮は大きく変わります。そしてそれは今日にも連綿として続き、神の理解にも影響しています。

2　神の存在と哲学

神と人間のつながり方

　みなさんが、自分の心のありようと身体の動き関係を理解しようとするとき、どうするでしょう。この問題は現代においてもまだ解決されていませんが、脳を持ち出すにしろ心理学的傾向性を持ち出すにせよ、いずれにせよ神をそこに持ち出すことはありません。ところが、デカルトの時代からバロック期の初頭にかけて、デカルトが残した心身関係の問題を軸に神の世界支配を回復させようという動きがありました。例えばフランスのマルブランシュ（1638-1715）やイギリスのバークリ（1685-1753）、オランダのスピノザ（1632-1677）がその代表です。マルブランシュは、心と体は神において結びついていると主張しましたし、スピノザは心と体は神の性質の一部のあらわれだと理解しました。バークリも、われわれの知覚は神の知覚の一部にすぎないと考えました。ところが、啓蒙の時代の末期、カント（1724-1804）がこういう理論の出発点そのものを破壊してしまったのです。

　カントは『純粋理性批判』（1781年）の中で、「魂は不滅か否か」「この世界は決定論か自由に従うか」などの問いとともに、昔から議論されてきた「神は存在するか否か」に関して、答えています。彼の答えは驚くべきことに、「こういう問題に、人間の理性は答えをあたえることができない」ということでした。

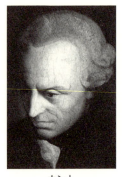
カント

もっとも、カントがあたえたのは、「人間の理性」は有限なのであってその能力に限界があるから、存在を示す論証は不可能である、という答えなのであって、彼自身は、神の存在や魂の不滅、自由を必要不可欠な人間の行為のための指針と理解しています(『実践理性批判』1788年)。ハイデッガー(1889-1976)という哲学者が適切に述べたように、「論証不可能であること」つまり「知識にならないこと」が、そのまま「存在を否定すること」にはならないのです。例えば、時間の存在をみなさんは上手に論証できますか。心の存在を論証できますか。簡単ではありません。それにも拘らず、われわれは時間や心という概念を駆使して日々生きています。いずれにせよ、少なくとも、神はわれわれの行為のレベル、信仰の問題に押し込められ、その存在を確定的にかつ普遍的に前提し、あるいは提示しようとしたそれまでのやり方が、カント以降、通用しなくなってしまいました。

カントの後、ロマン主義の哲学者やヘーゲルなどは再度神の世界支配を取り戻そうとしますが、もはや、カントを乗り越えるか批判することなくしては、不可能でした。

同時に18世紀から19世紀、啓蒙の時代以降、みなさんが知っているいわゆる一般の科学が、哲学という母体から完全離脱します。それまでの哲学は多くの科学、未分化な諸科学的知識を内蔵する学問一般でした。しかし、哲学の領域から物理学や化学、生物学、社会学、心理学などが分離してしまいます。こうなってくると、諸科学が神の問題にいちいち関与する必要はなくなってきます。現在の認知科学がバークリのようにその第一原理として神を持ち出すことはありませんし、心身問題を論じるとき、その結論をスピノザの解答に手放しでゆだねることなどありません。科学はその当該科学内で理由付けができる領域内でしか厳密な科学とはいえないからです。これが科学の意義であり、また限界です。20世紀以降、われわれの生活を支配するこのトレンドは、科学の

意義とその限界内の中で根拠付けられているといってもいい過ぎではありません。

存在概念について

　以上の議論を少し一般化してみましょう。世界の根源、第一原理を見いだす哲学的な問いは、存在論あるいは形而上学といわれる学問で体系化されます。存在という言葉、概念は若干抽象的でつかみどころがないかもしれませんので、ここでわれわれが普通に使用する言葉の用法から離れて、「存在」に関係する哲学的な概念の分析・分類をしておきましょう。

　普通、日常生活の中で存在という言葉が使われることはないかもしれませんが、素朴に、友人が「いる」、金が「ない」、桜が咲いて「いる」など、ある対象を所持しているか否か、ある状態が持続しているか否か、などについて論じられる際の「ある」「ない（あることはない）」として存在は理解されています。また「時間や空間がある」「心ない悪党だ」といった具合に、五感を超えた対象に関しても存在概念は使われます。ところで、「時間がある」という言明と、「神はいる」という言明は、どちらも目にみえない対象に関する言明であるにも拘らず、多くの人は、前者に関しては違和感を覚えないでしょうが、後者に関しては、違和感を覚えるかもしれません。なぜでしょうか。カントが神の存在証明自体はできないという証明をしましたが、今でもカントの証明には問題があるという意見もあります。時間はみることができないが日常の基盤にあるとわれわれが同意できるのに反して、神はそのように感じるのが難しいという（現代特有の）感覚的な問題なのかもしれません。

　カント以前、神の存在証明の代表格としてアンセルムス（1033-1109）が整備した論証が有名ですが、おおよそ次のような論証です。神は完全でありそれより大きな完全性を持たない概念である。したがって存在する。なぜなら、最高に完全な概念は、存在しなければ完全ではないからである。実際、完全ではない（死ぬから）不完全なわれわれさえ存在する。ゆえに、完全が存在しないということ自体矛盾している。

ちょっと騙された感じがしませんか。しかし、デカルトやスピノザ、ライプニッツらは、この証明をおおむね認めています。裏返せば、この証明は、実は論駁することが極めて難しいのです。カントは、こうした証明の論駁のために、あの長大な『純粋理性批判』を書いたともいえます。カントが論駁のポイントにしたのは「存在」という言葉の分析です。

カントは、時間空間の中にある対象と、そうでない対象（感覚でとらえられない対象）を分け、時間空間内部の対象が人間の知識になりうると考えました。ですから、カントによれば、アンセルムスの証明は、存在という言葉の及ぶ範囲が水増しされて考えられており、存在概念の再定義によって崩れ去ることになる、というのです。ヘーゲルはカントの神証明の反駁を、さらに再批判します。カントは、人間の認識能力である理性（知性）と対象との関係を間違って設定しているというのがその理由です。

実存概念の登場

ところでヘーゲルと同時代に活躍したシェリング（1775-1854）という哲学者は、存在に対して、別の考え方を持ち込みます。それはいわゆる「実存（エグジステンス）」という存在のとらえ方です。実存は、シェリングによれば、理性が対象の本質をとらえようとすることによっては正しく理解できないというのです。存在する対象が「なぜ存在しているのか」の本当の理由は、理性の能力によっては直接理解できないというのです。なぜそもそも神が存在するか、なぜそもそもこの世界が存在するかについては闇のままだというのです。この鋭い指摘は現代の科学的思考にならされたわれわれにはよく理解できないかもしれません。科学者は、物質の根源や宇宙の起源、生命の成り立ちを、理性によって科学的に解明しようとしています。しかし、そもそも、なぜこの世界が存在するのか、という問い、なぜ物質が存在するのかという問い、には、科学は原理的に適切には答えられないというのです。科学者が答えられ

シェリング

るのは、どのようにして宇宙が生成したか、どのようにして物質が存在したか、に関する答えであり、「なぜあるのか」に関しては答えられないのです。みなさんが、どのように生まれたかは、受精のレベルにもとづいて生命科学で答えられます。しかしなぜこの「わたし」がこの「わたし」として、この世に生まれ落ちねばならなかったのかについては、生命科学では答えられません。この問いを前面に打ち出したのがキルケゴール（1813-1855）以降の「実存哲学」です。この新しい存在へのアプローチが、近世以降、例えば、ハイデッガーの新しい存在論やヤスパース（1883-1969）、サルトル（1905-1980）の実存思想などへと展開していきます。

哲学の変貌

　さてここで、前節で論じられた「現実的」という言葉に注意を払う必要があります。例えば、「あの映画、現実味、現実性（リアリティ）があったね」といわれる場合、映画は時間空間の中で上映されており、自分が腰かけている椅子とは異なります。2次元スクリーンに映し出されている映像です。みなさんがみる夢もあたかも現実的であったにしても、夢は夢です。しかし、実際に、今、目の前にあるペンが、自分の外側にあるとどうしていえるのでしょうか。もし、みなさんが急に五感を全て失ったとしましょう。ただ、意識だけある状態です。頭は明晰ですが五感はないのです。その時、頭が眠りに入って夢をみたとします。でもそうしてそれが夢だと分かりますか。分からないのではないでしょうか。実際、バークリは、「存在とは知覚されることである」といい切りました。存在している対象を知覚しない限り、存在があるといえないならば、知覚という働きの領域にこの世界を限定してしまおう、というのです。目の前にある山をみて、それがわたしの外にあるという表現は実は間違っているのであって、知覚の内部、現代流にいえば視覚神経に取り込まれて、初めてその山の存在の云々が語れるのだとすれば、存在はわたしという意識の内部にしかない、つまり外部にはないという結論にいたります。われわれが経験的に触れ、見聞きしている実在は、意識内の観念にすぎないという極端な議論にバークリは到達し

ました。

　カントの哲学はこのような状況下で、人間の認識そのものの限界を批判しつつも、科学並みの学問となるべき基礎理論として登場しました。このことはカントの時代の前後に哲学から自然科学を中心とした諸科学が分離していくことも大きく関係しています。ローティ（1931-2007）という現代のアメリカの哲学者がこのあたりの事情を鋭く指摘していますが、哲学はカントを境に、諸科学から距離をおかざるを得なくなり、哲学固有の問題の意味、狭義の哲学の意義を問い直さねばならなくなっていきます。カントが『純粋理性批判』で行おうとした神の存在証明の批判などは、哲学のスクラップ・アンド・ビルドともいえることでした。ですからカント以降、哲学は、アンビバレンツな立場をとります。哲学は単なる科学でもないし、かといって科学を無視してはあり得ないからです。

おわりに

科学と哲学

　今日、哲学という学問において対象を語る、何らかの事象について論じるということも、実は極めて複雑な方法論を背負わざるを得ないのです。諸科学はその科学が当面対象としている事柄や方法について、最初から疑ってかかることはほとんどありません。例えば、心理学者が、心的現象を疑ってかかったら、その学問自体の存在意味が失われます。物理学者が、当の実験や論証の方法がうまくいかず、その論証方法や実験方法に疑いを向けることはあるでしょう。しかし、その方法を行っている背景、例えば、人間の認識の問題や社会的な背景を意識することはあまりありません。また、実存の見方によれば、そもそも科学には原理的限界があります。科学には答えられる問いと、答えられない問いがあるのです。科学における倫理ということが、時にいわれますが、科学の倫理的問題は科学そのものに含まれている問題ではなく、科学者が倫理的な問題にコミットすること、つまり一部哲学することが求められている問題です。

その点、哲学は、科学のようにはいかないようです（この点は、第11章の中で扱われます）。まず歴史的経緯からみて哲学は諸科学と連続していました。ですからカント以降、哲学に大きな転換があったにせよ、具体的な事象を無視して抽象的な部分のみを考えても意味がないのです。科学と距離を置こうとする場合でも、科学そのものの営みやそれとの違いを知っていなければなりません。

近世哲学と現代

近世の哲学の流れを受けて、近代・現代の哲学が興ってきます。これについては、次の章に任せますが、カント以降に強まった科学的な思考によって、われわれは満足できているのでしょうか。

アドルノ（1903-1969）という哲学者がホルクハイマー（1895-1973）とともに『啓蒙の弁証法』（1947年）というテキストの中で啓蒙による弊害を展開しています。科学的な合理性が、非合理的な思考を根絶やしにしてしまうことの危険性が訴えられています。このことは、神が論証できないことが、神の存在そのものについて正しく語ることができなくなっている現代の多くのわれわれにも共通する指摘です。実存哲学の他にも、「生の哲学」など、多様な展開をみせます。しかし、有限な人間の理性によって、「神が存在することを信仰のレベルではなく多くの人に納得できるように語れるのか」「心は本当にあるのか」、「死んだ後、魂はどうなるのか」「自由は本当にあるのか」、こうした問題は今でも解決できていません。「あなたの心は穢れている」と語る医師に同意する気はありませんが、彼が信念にもとづいてあなたにそう語った時、あなたはどのように反論できますか。信念と知識、目にみえない対象と目にみえる対象との差異、こうした緊張関係が現代にまで続いています。近世以来の哲学的思考は、今日、決して昔に終わった思考ではないのです。

演習問題

1) 意識と自己の関係を、自己省察（自己反省）という観点から考えてみましょう。
2) はっきりと（明晰判明に）理解しているとはどういうことか考えてみましょう。

3) 知識と信念の違いはなんでしょうか。
4) 証明できないことが存在しないことではないことの例を、他にもあげてみましょう。
5) 占いや文中の医師の怪しい発言を、われわれはどう回避できるのでしょうか。

関連文献

池内了［2008］『疑似科学入門』岩波新書。
石川文康［1995］『カント入門』ちくま新書。
伊藤邦武［2012］『物語　哲学の歴史　自分と世界を考えるために』中公新書。
木田直人［2009］『ものはなぜ見えるのか　マルブランシュの自然的判断理論』中公新書。
小林道夫［2009］『科学の世界と心の哲学　心は科学で解明できるのか』中公新書。
小山慶太［2003］『科学史年表』中公新書。

第4章　現代哲学
人間にとっての世界と言語

はじめに

哲学の歴史は進歩か？

　これから現代哲学と呼ばれるものについて、非常に簡略的にではありますが、その中心の考え方というものをスケッチすることにします。この部分を勉強するみなさんには、いくつかの哲学の学派について学んでもらいたいと思っていますが、同時に、次のようなことについても、少しだけ考えてみてもらいたいと思っています。それは、「哲学の歴史」とはどんなものなのか、という問題です。

　古代から現代へと続く知的営みとしての哲学の歴史は、無限に続く進歩の歴史なのか、それとも、永遠の哲学的問題の追求なのか。場合によっては、哲学は一方的な進歩でもなければ、同じ問題の繰り返しでもない、もっと複雑な運動からできているのか。このことについて、みなさんはこれまで見てきた古代の思想、中世の哲学、近世の体系など、さまざまな時代の思想の勉強を通じて得てきた知識をもとにして、一定のイメージを作ってきたことだろうと思います。わたしたちはこれから、これまでの歴史に加えて、さらに新しい思想の展開を見るわけですが、こうした哲学の思想的展開というのは、進歩なのか退歩なのか、どんなところに現代思想というものの意義があるのか——みなさんには以下に概観する現代の哲学的動向を、これまで勉強した過去の哲学と見比べて、各人の感想を作ってみてほしいと思います。

1 科学の変貌

哲学と科学の革命

前章で見たように、西洋の近世の哲学は、古代や中世にはなかった新しい科学の成立という、人類の歴史にとって非常に大きな出来事と連動したかたちでできてきたものです。ここでいう新しい科学とは、ガリレイやデカルトが構想した機械論的宇宙論であり、ニュートンが完成させた力学的世界像のことです。西洋哲学の代表的思想家がカントであるとしたならば、それはカントがまさにこのニュートン的世界像の成立の可能性を「認識論的に基礎づける」ことに大きな成功を収めたからです。

しかし、哲学と科学の革命という結びつきについては、このデカルトやカントの例だけでは終わりません。なぜなら19世紀からは、これらの力学的世界像とは別の分野で新しい科学革命があり、それに付随して起きた人間観の変化ということがあったからです。

進化論の登場

19世紀に起きた最も大きな科学的インパクトは、ダーウィン（1809-1882）の進化論の登場です。これは天動説から地動説への変換とはまた違う意味で、西洋の世界観・人間観に大きな衝撃をあたえました。ユダヤ・キリスト教の聖書によれば、神は6日に及ぶ世界創造の過程でさまざまな生物を誕生させた後に、最後に自分の「似姿」としての人間を作り出したと言われています。この創造説に照らすと、人間はあらゆる被造物のなかで、最も神に近い崇高な存在ということになります。近世哲学の父であるデカルトやイギリスのベーコンは、「人間は自然の所有者にして支配者である」と言いました。これは近代科学と技術が自然の活用に大きな威力を発揮することができるだろう、ということですが、同時に理性をもった人間のすばらしさ、高等さということを謳いあげた言葉でもあったのです。

ところが、人間の誕生が地球上の他の生物の進化の過程の1ステップにすぎないということになればどうでしょうか。人間はサルの一部が進化した生物にすぎず、特別な高等さもなければ、神の似姿としての特権もない。進化論を言葉通りにとると、人間の特別存在という地位は失われることになります。人間は他の生物と同様、地上に偶然に生まれた種にすぎず、他の生物と同様にさまざまな制約をもっている。ダーウィン

ダーウィン

の進化論の登場を単なる生物学の1つの仮説の提起ということ以上に、大きな意義を認めざるをえないのは、彼の進化論が人間の有限性ということを非常にはっきりと示した、ということに由来します。

人間の有限性

　そして人間の有限性という思想は、この進化論だけにとどまりません。例えば、マルクスの史的唯物論、フロイトの無意識論など、19世紀のさまざまなアイデアには、西洋近代の理性を軸にした人間観への鋭い反省を強いるような、いろいろな思想が展開されました。史的唯物論はヘーゲルの絶対精神の展開による世界の自由の増大という観念論を逆転したものですが、そこでは人間の文化（上部構造）は、社会の中での経済的な生産関係（下部構造）によって本質的に規定されているとされます。また、フロイトの無意識論によれば、デカルト的な意識を主体とする人間観は、われわれの心が衝動的で盲目的な無意識の支配の下にあるという事実を忘れています。これらの理論は全て、それまでの輝かしい理性的動物としての人間に疑問を投げかけました。そして、近世哲学と区別される現代哲学とは、この限界をもった存在者、「有限な存在としての人間」をどう理解するか、というテーマを中心に展開されたものだ、と考えてもよいと思います。

　もちろん、新しい科学革命ということは、こうした19世紀の思想変革だけにとどまるものではありません。わたしたちはこれ以外にも、20世紀前半の

物理学における大きな革命（相対論と量子力学）、そして20世紀後半から今日のわたしたちの世界まで続いている、情報科学の分野での継続的革命など、無数の理論的革命を経験しています。そこで、こうした理論的革命からどのような人間観が生まれてくるのか、これがこれからのわたしたち自身の哲学的反省の焦点となるだろうと思われます。ここでは、そのような反省の出発点として、まず「有限な存在としての人間」への角度から、20世紀の主要な哲学運動のなかでも、現象学と分析哲学の動向について触れてみたいと思うのです。

2　人間をとりまく環境世界

現象学

現象学（Phenomenology）というのは、ドイツのフッサール（1859-1938）という哲学者が提唱した哲学の方法で、近代以来の西洋社会に流布しているさまざまな自然科学が、だんだん曖昧な概念や不確実な基礎づけの下に大きな威力をふるうようになったことを批判して、もう一度デカルトのような「厳密な学」に戻って再出発するべきだ、という考えから出てきた思想です。フッサールは自然科学のさまざまな分野が前提にしている無意識の存在了解を、いったんはカッコに入れて、もう一度「事象そのものへ」戻るべきだと考えました。そして、わたしたちの意識が世界を超越論的に構成する働きをきちんと吟味するならば、この意識の働きがその意味を充実する対象の本質について、しっかりとした理解ができるようになり、そこで認められる対象の世界こそ「事象そのもの」に他ならない、と考えました。現象学とは、この意識の世界に現象する、意味をもった対象の世界の成立のありかたを記述する学問です。

フッサールはこの世界を超越論的に構成する意識の働きを「志向性」という難しい言葉で表現しましたが、これは意識の領域の内部に見いだされる対象、ノエマを、その志向性の作用、ノエシスの相関項として考えようという発想で、17世紀のデカルトの「コギトによる観念の知覚」というモデルを、より洗練させた仕方で表現したものであるともいえます。

しかしながら、すでに見たように、こうしたデカルト主義的認識論や知識観は、哲学の流れからいえば、むしろ旧式の発想であるという見方もできます。そこで、現象学的なスタイルをとりながらも、意識が外的世界を構成すると考えるのではなく、人間存在とその外的世界の存在とは、もともと同根の事態であり、「人間が世界へと向かい合うのは、環境世界に投げ出されるという仕方を支えにしてではないのか」、という思想がすぐに出てくるようになります。人間は個人

フッサール

としては有限で、環境に囲まれ、そのネットワークのなかで自分の存在を確かめ、同時に世界の意味についても問いかけているような存在者ではないのか——これが、フッサールの弟子で、師のフッサールよりももっと広く世界中で論議されるようになった哲学者、ハイデッガー（1889-1976）の「基礎的存在論」という考え方です。

人間存在と環境世界

ハイデッガーは『存在と時間』(1927年)という本で、人間が本質的に「世界内存在」であるといいます。わたしたちは世界という独特の環境の中で生きていて、自分自身をこの環境の中に投げ込まれた者と見ているとともに、この環境へと働きかけようとする存在者でもあります。わたしたちはこの現実世界に投げ出された存在者として、「現存在（ダーザイン）」と呼ばれます。この場合の世界とは、いわゆるいろいろな国からできている地球上の世界とか、天体や物理的粒子、化学物質や生物からなる自然界という意味ではありません。われわれが現存在として世界内に生きているとき、その生きている環境とは、机や椅子やペン、ハンマーや靴、自動車や建物など、生活し働くためにわたしたちが利用し作り変えていくような、「手元存在」のネットワークです。わたしたちはこのネットワークの中に生まれ、育ち、それと交流し、それを利用して自分の生を編み出していく、そういう意味での世界内存在なのです。

ハイデッガー

わたしたちはしかしながら、なぜ、この本や机などの道具や建物などのネットワークを自分の世界としているのでしょうか。それはわたしたちが生きるというときに、「何かへと投げ出されながら、何かへと向けて投げ返す」存在だからです。わたしは自分の環境世界に限定づけられながら、その限定を超えたものへと向かおうとします。なぜなら、わたしたちは自分のこの現状が不安で、自分はこのままでよいのかという「気遣い」によって常に付きまとわれているからです。わたしが自分の将来へと気遣いを常に抱くということと、わたしが自分の世界を道具のネットワークとして了解するということは、実はまったく同じ事実の両面です。というのも、道具とは、それによって何かをしようとする、わたしの気遣いの具体的なかたちそのものであるからです。

気遣いと時間性

わたし自身は自分の将来に不安と懸念をもっている。つまり、わたしは自分が時間の中にあることを根本的に了解しています。ところが、不安と懸念とをもつということは、別の角度から見ると、道具の複雑な連関関係という意味での世界の中に生きる、ということと同じことである。そこで、「世界のなかにある」ということと「時間を生きる」ということはまったく同じことを言っていることになります。これはかなり不思議なことでしょう。世界の「中に」生きるという空間的な感じが、時間に「沿って」生きるという、別の次元に不思議な仕方で結びついてしまうからです。人間の生きる世界とは、このように、空間と時間とが内的に結びついた世界なのでしょうか。

ハイデッガーの思想が大きな影響力をもったのは、この不思議なトリックのような議論が、人びとを魅了したからです。しかしながら、もう少し考えてみると、わたしたちが時間に沿って生きていくということは、結局、いつかは自分の死を迎えることになる、ということを意味してもいます。わたしたちは道

具のネットワークという世界の中に生きていることで、時間的な経過を生きており、しかもその終点としての死までも意識している。わたしたちは日ごろは自分の慣れ親しんだ世界に生きていて、友人と話をしたりテレビや映画で娯楽の時間をもったり、スポーツに夢中になって暮らしている。でも、この毎日の生のありうる終極として、死という事態が到来する可能性というものについても、薄々ながら分かっている。とすると、自分の死の可能性に無意識的にであれ気づいている自分と、毎日を深刻な気遣いから目をそらすことで暮らしている自分とは、本当のところどのように関係しているということになるのでしょうか。

実存的な問題

これは、現象学という発想から出発した哲学が、最後は人間の死というものをどのように考えるか、という「実存的な問題」にまで進んだ結果、われわれに突きつけられることになった哲学の難問です。わたしたちは自分自身の死というものをどう考えるか、そして、友人や近親者の死についてどう考えるのか。こうした深刻な問題について、哲学の基礎ゼミナールを学習するみなさんは、周囲の友人たちとの対話などを通じて少しだけ考えてみてもらえればと思います。

3 人間の言語と社会

語り合うこと

わたしたちは自分の遠い将来にありうるであろう死ということについて、ぼんやりとであれ、まったく忘れてしまうわけにはいきません。とはいえ、それにばかり囚われて生きるということもあまり望ましい事態ではないでしょう。わたしたちは日々活き活きと生きていくためにも、友人と語らい、家族と会話し、あるいは教室で議論することで、自分の考え方を深めたりより豊かにしたりすることができるはずです。

では、言葉を使って「語り合う」というこのことで、わたしたちは本当はどんなことを行っているのでしょうか。いうまでもなく、人間とは言語を使用する動物です。しかし、言語を使用するとはどういうことをいうのでしょう。あるいは、われわれが発する言葉の列が、意味をもって相手に伝わる、ということはなぜ可能なのでしょうか。言葉は日本語であれ英語であれ、紙の上に書かれた記号であったり、耳で聞く音の流れであったりしますが、いずれも文字や音の列にすぎません。この文字の列、音の列が、どうしてわたしたちの意味の伝達を担い、対話の道具となることができるのでしょうか。そもそも、音や文字としての言葉と、それが担っている意味とは、どのような関係に立っているのでしょうか。こうした問題を考えるのが、「言語哲学」という分野の主題です。

言語哲学

言語哲学という哲学研究のスタイルは、20世紀のイギリスを起源として、英語を主とする英米圏の哲学界で広く流布したスタイルです。20世紀の英米圏の哲学は、フレーゲやパースなどの論理学者による形式論理学の体系化という作業を出発点にして、われわれのさまざまな言明や主張の有意味性を、その論理的な形式の側面から分析するという、分析哲学にあります。先に見たフッサールやハイデッガーの哲学は、主としてヨーロッパ大陸で主流となった「現象学」の流れに属していますが、分析哲学は現象学と並んで20世紀の代表的な哲学といえます。そして、分析哲学の中には科学哲学や認識論など、さまざまな下位の分類がありますが、その中でも言語哲学は分析哲学の中心分野をなしてきたといえます。

言語哲学の代表的な理論家としては、ラッセル、ウィトゲンシュタイン、クワイン、デイヴィドソン、チョムスキーなど、たくさんの思想家の名前をあげることができますが、ここではウィトゲンシュタイン (1889-1951) による言語へのアプローチを取り上げておきたいと思います。その理由は、彼の言語哲学がラッセルらの分析哲学の起源から生まれた、形式的な論理思想の直系の理論

でありながら、最終的には環境に条件づけられた生きた人間の現実という、現象学の発想とも重なるような言語観に至ったと思われるからです。ウィトゲンシュタインの哲学は、言語哲学というスタイルをとりながら、「有限な人間存在」という思想を表現したもう1つの思想と見ることができるのです。

ウィトゲンシュタイン

　ウィトゲンシュタインは先に見てきたハイデッガーとまったく同じ年の生まれで、ハイデッガーはドイツ人ですがウィトゲンシュタインはオーストリア人でした。彼はイギリスのケンブリッジ大学でラッセルの下で研究し、『論理哲学論考』（1921年）という本を出しました。これが彼の前期思想の代表作です。彼はその後いったん哲学から離れるのですが、再びケンブリッジ大学に戻り、哲学教授を勤めました。後期の代表作は『哲学探究』（1953年）です。

　『論理哲学論考』における言語理論では、わたしたちの作る文、命題は、現実世界の「像（ピクチャー）」となることで意味をもつ、とされます。これは「言語の意味についての像理論」と呼ばれます。わたしたちは文を口から発することで、「……が……である」ということを言いますが、これは、何かが事実として現実に成立している可能性がある、ということを述べています。個々の文は1つの可能的な事実を提示し、それが現実と照合されるべきだと言います。文、命題が事実の世界と照合されて、一致していればその文は真、一致していなければ偽とみなされます。

　例えば、「ネコがマットの上にいる」という文・命題を考えてみると、この命題は1匹の猫と敷物との間に起こりうる可能的な関係を、1つのピクチャーとして表している。その表現は日本語で上のように「……が……である」と図示してもよいし、漫画のようなイラストで猫と敷物との関係を図示してもよい。日本語の文章も、漫画のイラストも、どちらも同じ猫と敷物との関係についての、可能な事態を写し取る像、ピク

ウィトゲンシュタイン

チャー、モデル、模型なのです（同じように、京都市の街の姿ということを考えると、京都の道路を示した地図や、京都の写真や、京都市のジオラマは、みな京都市の姿のモデル、ピクチャーです。少し不思議な感じもしますが、模型自身は京都市の中にあって、京都市を図示しています）。

有意味と無意味

『論理哲学論考』のこの言語理論はかなり単純なもので、一見したところまったく特別な陰影のあるものではありませんが、ウィトゲンシュタイン自身はこの理論が、哲学的に非常に重い意味をもっていると考えました。というのも、何かの主張や意見、文、信念などがとりあえず意味をもったものであるためには、それが何らかの事実のピクチャー、模型、モデルになっていなければなりません。つまり、有意味な言語表現とは、事実の候補についての描写以外にはありえないということです。これは裏返していうと、事実の描写ではないような文章はまさに無意味だということです。

わたしたちは「他人を傷つけることは悪だ」と言います。これは事実の描写ではありません。1つの価値判断です。また、「明日は晴れてもらいたい」と言います。これも事実の像の提示ではなくて、1つの願望の表明です。したがって、これらは『論理哲学論考』の基準からいえば、まったく有意味ではありません。これらは意味を全然もたない文、つまりナンセンスです。そして、ウィトゲンシュタインは「語りえないことについては沈黙しなければならない」と言いました。わたしたちは、願望や命令や、価値判断や、宗教的な信念などを口にしてはなりません。なぜなら、それは何も意味のないナンセンスなことを口走っているにすぎないからです。

さて、この言語理論はいかにも厳格な、狭い言語理解であるように思われます。実は、ウィトゲンシュタイン自身は、この理論によって、さまざまなナンセンスな発言を排除しようとしたばかりではなく、むしろ、「本当に大事なことは言葉では伝えられないのだ」「わたしたちはそれを沈黙において守る必要がある」、ということも言いたかったのです。しかし、「本当に大事なことは言

葉では伝えられないのだということを、言語理論の分析を通じて言いたい」、ということはそれ自体、まったく矛盾した発想です。また、『論理哲学論考』の理論だけでは、そもそも大切なナンセンスと本当に無意味なナンセンスとを、どうやって区別したらよいのかもわかりません。

後期の思想

そこで、以上のような若き時代の自分の言語哲学に不満をもつようになったウィトゲンシュタインはもう一度言語哲学を作り直そうとします。それが、『哲学探究』で新たに組み立てた言語の理論です。

ウィトゲンシュタインはこちらの本では、言語の有意味性を確保するのは、文や命題がもっている画像的性質ではなくて、それらを使用する場面でその使用の適切性を保証するような、さまざまな規則の束だと考えます。わたしたちは言葉を使って命令し、祈念し、証言し、主張し、疑問を投げかけ、希望し、失望を表明し、怒りを露わにし、祝福し、呪い、等々、本当にさまざまな行為を行っています。これらは言葉を使った人間同士の「ゲーム」です。言語行為は規則に則って行われるゲームですが、この規則は言葉を使う人がそれぞればらばらにもっているものではありません。言語表現は複数の発話者の間で、複数の文脈の下で、複数の目的に沿って交換されますが、その交換のプロセスのなかで、それを支えている規則もまた変形し、さまざまな工夫によって変化させられます。言葉は生きた人間的交渉のなかで使われ、人間の生の変化に応じてどこまでも柔軟に変形し、動いていきます。

言語はゲームであるというこの哲学では、「１人きりで用いられる言語」という考えが批判されます。言語を有意味にしているのは、それの暗黙の使用規則ですが、この規則はわたしが自分１人で決めたものではありません。規則はわたしの発話に先立って、わたしが属する共同体の下にあり、共同体がシェアーしている生活のスタイルや習慣の中で、その働きを確保しています。いわば言語は共同体の生という、間主観的な領域において、暗黙の了解というかたちで働いているのです。

デカルト批判

　西洋近代の哲学の祖と呼ばれるデカルトは、有名なコギトという議論で、「わたしは考える、ゆえに、わたしは存在する」と主張しました。このコギトは、わたしという絶対的に単独で、社会から隔絶した省察の作業に集中する精神のみが、実際に体験できるものです。ところが、ウィトゲンシュタインの言語ゲーム理論によれば、こうしたコギトの体験も、言語を前提にしなければ本当は不可能である、そして言語を前提とすることは共同体における生のスタイルの共有ということを前提するに等しい。したがって、絶対的孤独のなかの内省としてのコギトは、原理的に生じえない、ということになるのです（言語が共同体を基盤にしているからといって、独り言が不可能だということではありません。わたしは1人でお祈りを捧げることができます。しかし、1人でお祈りを捧げるためにも、共同体がシェアーする規則の束としての言語を必要とする、と言っているのです）。

　コギトとはいうまでもなく、人間の思考です。この思考が自分1人だけで、自分の内面だけで遂行されることはありえないのではないか——。これは、言語哲学の方向から突き止められた人間の思考の有限性というものだと見ることができます。わたしたちはゲームをシェアーすることで、それぞれの仕方で何かを考えている。わたしたちの思考は、自分だけに限定された特別な仕方で行うことはできない。思考するということが可能であるためには、それぞれの思考者が属する共同体という意味の地平があり、その地平を支える日々の生活があり、その生活を可能にしてきた歴史や伝統があるのでなければならない。その意味で、われわれの思考は無制限でもなければ、世界と独立のものでもない——。これが、ハイデッガーと同年に生まれながら、イギリス哲学の洗礼を受けるというかたちで、ハイデッガーとはまったく別種の思想的背景の下で展開されてきたウィトゲンシュタインの、最終的にたどりついた哲学であると思われます。

演習問題

1) 現象学という方法について、さらに詳しく調べてみましょう。

2) ハイデッガーの死の哲学とはどんなものなのか、研究書などを読んでみましょう。
3) 20世紀後半の構造主義やポスト構造主義の思想家にはどんな人たちがいるのか、調べてみましょう。
4) ウィトゲンシュタインの先生のラッセルという哲学者はどのような思想をもったのか、調べてみましょう。
5) ウィトゲンシュタインとは別の言語哲学者、例えばクワインの理論などについても調べてみましょう。

関連文献
内山勝利他編［2007/2008］『哲学の歴史』（11、12巻）、中央公論新社。

B　実践哲学

第5章　古代哲学
「よく生きる」ことを求めて

はじめに——ソクラテスの大原則

　哲学の長い歴史のなかで、タレスという人物が「哲学の創始者」とみなされていることを、第1章でわたしたちはアリストテレスの証言を手掛かりに確認しました。ところが、実は「最初の哲学者」というふうに呼ばれているのはタレスだけではないのです。みなさんは、紀元前1世紀に活躍したキケロ（BC106-43）という人を知っていると思います。政治家、弁論家、そして自身も哲学者であったキケロは、ソクラテス（BC469-399）を「最初の哲学者」だと考えました。キケロはソクラテスを「哲学の父」、あるいは「哲学の祖」と呼んでいます。ただその場合、キケロが『トゥスクルム荘対談集』という著作できちんと述べているように、「人生と倫理に関する哲学の祖」という言い方がより正確なのです。つまり、タレスは「自然を語る者」として、万物の原理についての知恵を愛し求めたのに対して、ソクラテスは「人間の生き方」についての知恵を愛し求めた最初の人物だ、というわけです。キケロは言います。「ソクラテスは、はじめて、哲学を天上から引き下ろして、人間の巷にその居を移し、人生や道徳について、また善や悪について問うことを強制した」。そして実際に、プラトン（BC427-347）が書いた対話篇『クリトン』には、たいへ

第5章 古代哲学 「よく生きる」ことを求めて　61

アテナイの学堂

ん有名なソクラテスの言葉が残されています。それはこうです。

　　「大切なのはただ生きることではなくてよく生きることだ」

　この言葉をソクラテスは、自らが生きる際の大原則としました。またこの言葉は、ソクラテス以後の哲学者たちにも、大きな影響をあたえることにもなりました。つまり、「よく生きる」ことの探求が彼らには課せられたのです。ここで言われている「よく生きる」とは、わたしたちが今日「幸福に生きる」という言葉で理解していることと、それほど違いはありません。そうだとすると、はるか二千数百年を経て、はるか遠い場所で生きているわたしたちにも、ソクラテスのこの言葉は、依然として重要な課題でありつづけているように思えます。「よく・幸福に生きる」とはどのようなことなのでしょうか。その問いが発せられた古代ギリシアの現場をたどりながら、わたしたち自身の問題として考えてみたいと思います。

1 「よく生きる」——ソクラテスの場合

幸福と徳

　まず、ソクラテス自身がこの大原則のもとで、どのような生き方を探求したのかを見ていきましょう。彼の主張は極めて明快です。哲学をして生きることこそがよく生きることだ、とソクラテスは主張しました。ただ、ソクラテスが述べていることを事柄にそくして理解するために、ここでまず立ち止まりましょう。わたしたちの日常生活で、おそらく、「哲学」という言葉を口にする機会はそれほど多くはないでしょう。そのような特別な言葉を使って、ソクラテスの言おうとしたことを理解することはできません。なぜなら、ソクラテスは普段の生活のなかで、普通の言葉を使って「よく生きる」ことを探求したからです。そこで、ここでもやはり語源に忠実に、「知恵を愛し求める」という言葉を用いて、これからは考察を進めていくことにします。つまりソクラテスは、知恵を愛し求めて生きることがよく生きることだ、こう主張したのです。

　では、そこで愛し求められたのは、何についての知恵でしょう。第1章で見た「自然の原理」についての知恵ではありません。もちろん、ソクラテスも若いごろには、自然探求を企てたようです。しかし、彼はそれに失望しました。なぜなら、「よく生きる」という彼の課題に、答えをあたえてくれなかったからです。もっとも、「よく生きる」という言い方は、あまりに漠然としていて、具体的に理解しにくい表現かもしれません。「生きる」とは、わたしたちのそのつどの「行う〔行為〕」ことの積み重ねです。そして、それらの1つひとつの行為が「よい」ものであって、それらの全体が「よく生きる」ことになります。ですから、ソクラテスは、わたしたち1人ひとりの1つひとつの「行い」が、本当によいものであるかどうか、それを吟味することをわたしたちに課しました。対話という方法によってです。

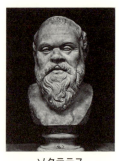

ソクラテス

そして、その際に欠くことができないのが「よく・よい・よさ〔善〕」についての知恵であり、その知恵を愛し求めて生きることが、「よく生きる」ことになると、ソクラテスは考えたのです。

しかしながら、ソクラテスは「善とは何か」といった問いをいきなり立てたのではありません。彼が問いかけたのは、当時の社会で多くのひとたちが当たり前に理解していた、わたしたちのあるべきすがたでした。「徳（アレテー）」という言葉で呼ばれていたものです。彼は、「正義」「勇気」「節度」「敬虔さ」と称されているものが、そもそもいったい「何であるか」と問いかけたのです。ただ、ここでも少し立ち止まって考えましょう。「徳」という言葉もまた、普段あまり口にすることのない、哲学の専門用語に聞こえてしまうことが予想されるからです。ソクラテスは決して、特別な専門家だけに「よく生きる」ことを問いかけたわけではありません。ギリシアでは当時、一般的な言葉遣いとして、人間にだけではなく、馬といった動物にも「徳」という言葉は用いられていました。例えば、「馬の徳」とは「速く走ること」です。何であれ、その何かが固有に持つ「よさ」が十分に発揮されている状態が、その何かの徳として表現されたのです。それは馬で言うなら「馬らしさ」であり、「人間」であれば「人間らしさ」と言い換えてもいいと思います。そのように、わたしたちの日常生活のなかで求められる人間の「よさ」を、じっくりと吟味しようとしたのがソクラテスだったのです。

無知の知

そうすると、ソクラテスの実際に行った「よさ」の吟味とはどのようなものだったのでしょう。それは先に少し述べましたが「対話」によって行われました。いやむしろ「論駁」と言った方がより事柄に近いかもしれません。それを受けたものが苦痛や憎しみを感じるような対話だったのです。ソクラテスは、時の著名な将軍に「勇気とは何か」を問いかけました。また、宗教家を自認する人物に「敬虔さとは何か」と、そして、人びとから尊敬を受けている老人には「正義とは何か」と問いかけました。結果はいずれも同じです。対話相手た

ちは、それらについてわたしは知らないということを告白せざるをえなくなったのです。おそらくみなさんは、ソクラテスの有名な「無知の知」という立場を思い起こしていることでしょう。ソクラテスは、簡単に言ってしまうと、「よさ」について、わたしは知らないことを知っている、そう表明しました。そしてそのことを、人間が持たざるをえない有限性として、対話相手にも示し、自覚させようとした、それがソクラテスの吟味だといえるでしょう。けれども、このことは実は、極めてパラドクシカルなことです。なぜなら、「よさ」についての「知恵を愛し求める」ことを、それが「よく生きる」ことだと人びとに勧めながら、その「よさ」について自分は知らないと主張し、なおかつ対話相手もそこへと導こうとしているからです。わたしたちは、動揺させられます。そして疑念が生じるでしょう。わたしたちはそもそも「よさ」を知ることができるのか、もし仮に知ることができたとしてそれでわたしたちは幸福になれるのか、と。

　ソクラテスが語る「よく生きる」の中身は、なかなか簡単には理解できないようです。そこで、彼がそれと対比し、批判的に述べた「ただ生きる」ことがどのようなものであったかを見てみることにしましょう。きっと、「よく生きる」ことを理解する手掛かりとなるはずです。彼の言う「ただ生きる」こととは、自分の生き方を吟味することなく、金銭、世間の評判、身体的な欲望に目を奪われて生きることです。ソクラテスは「多くの人たち・大衆」のそういった生き方を批判したのです。しかしながら、むしろわたしたちが素朴にイメージしている「幸福」は、むしろそちら側にあるのではないでしょうか。というのは、金銭、世間の評判、身体的な欲望のいずれもが、幸福に欠かせないものであり、幸福はそれらによって成り立っているようにさえ思えるからです。

　そのように感じるのは当然のことです。実際に、ソクラテスの方が当時の社会では変わり者とみなされ、彼は裁判にかけられ処刑されてしまったのです。他方、その社会のなかでは、ソクラテスが批判したような生き方にこそ「幸福」があると声高に主張されていました。「わたしたちは生まれながらに（自然本性として）さまざまな欲望を抱くような存在である。その欲望がかなえられ

たとき、わたしたちは喜び、快楽を得る。快楽に満ちた生き方こそ、よい生き方、すなわち、幸福である」。このような考え方です。この生き方がただちに一般化されることは難しいかもしれませんが、わたしたちの1つひとつの行為を切り取ってみたとき、欲望がその行為の原理としてはたらいていることは否定できないように思われます。また、そこに喜びを感じることも極めて自明なことだと思われるのです。「欲望の実現」こそが幸福であるという考え方は「快楽主義」と呼ばれ、当時、多くの人に支持され、また近世に成立した「功利主義」がそれを土台にしていることをふまえると、現代でも、大きな影響力とともに生き続けている立場なのです。そうだとすると、再びわたしたちは問わざるをえません。「よさ」についての知恵を愛し求めることが、どうして「よく・幸福に生きる」ことになるのかと。

2　「善とは何か」──プラトンの場合

イデア論

　ソクラテスの弟子であるプラトン（BC427-347）もまた、「よく生きる」ということについて、ソクラテスの立場を引き継ぎました。「よさ」についての知恵を愛し求めることを幸福とみなしたのです。プラトンはその際に、「善とは何か」という問いに正面から取り組み、「善そのもの」を「学ぶべき最大のもの」と位置づけます。そこで語られたのが「イデア論」と呼ばれる知の枠組みです。わたしたちは生成消滅する世界のなかで生き、わたしたち自身もまた死という消滅を迎えます。プラトンは、そのように変化するものを「真の存在」とはみなしませんでした。「本当に存在するもの」は、永遠に自己の同一のありかたを保ちつづけるものであり、それは変化する現象の世界とは別にある、このようにプラトンは考えたのです。それが「イデア」と呼ばれるものです。そしてわたしたちの「魂」もそれと同族であって、死において「身体」が滅びても存在しつづけるとされます。やがてキリスト教にもとりこまれることになる、真実の世界と現象の世界とを分けて考える「二世界説」をプラトンは語っ

プラトン

た、こう言ってもいいでしょう。この知の枠組みで、プラトンは自然のありかたも、また人間のあるべきすがたも説明しようとするのです。

それによると、わたしたち人間は魂と身体からなる存在者です。滅びゆくものである身体は、本来は永遠の存在である魂にとって、その本来の活動を妨げるものにほかなりません。真の知の対象であるイデアを認識する場合にも、よい行い〔行為〕をする場合にもです。ですからプラトンは、哲学を「死の練習」とも呼び、身体的なものから遠ざかるように勧めます。そしてプラトンは、「よい行い」をするには、そもそも「よい」とは何かを知っていなければならない、逆に言うと、わたしたちは「よい」を知ってさえいれば「よい行い」を必ずするはずだ、というソクラテスの立場を引き継ぎながら、その「よい」は純粋な魂によってのみ知られるとしたのです。つまり、身体から完全に解放された魂によってのみです。「善そのもの」あるいは「善のイデア」とも呼ばれるのですが、その知の対象は、わたしたちのはるか彼方に存在しているからです。確かに、ここで「身体からの解放」と言われているのが、比喩的な表現であるのか、文字通り身体の死を意味するのか、解釈が分かれる余地はあります。しかしいずれにせよ、ソクラテスが当初語っていた、わたしたちの日常生活のなかで「よく生きる」ことを求めるという立場からは、かなり離れてしまったように感じざるをえません。プラトンの語るイデア論は、わたしたちがソクラテスに感じた疑念、すなわち、わたしたちはそもそも「よさ」を知ることができるのか、という疑念に対する、おそらく答えなのでしょう。もしかするとその主張は、ソクラテスの示した限界を超える可能性を示したかもしれません。しかし、身体的な存在者であるわたしたちにとって、この世で「よく・幸福に生きる」ことの困難さは、より決定的になったようにも感じるのではないでしょうか。

3　「人間にとっての善」——アリストテレスの場合

知性の徳と性格の徳

　プラトンが設立した学園アカデメイアで学び、彼の死後、その学園を離れることになったアリストテレス（BC384-322）は、より現実的な世界のなかで「よく・幸福に生きること」を探ろうとしました。その際アリストテレスは「親しきよりも真理を」尊重し、プラトンの説を批判するところから哲学を始めたのです。第1章で述べた、哲学の精神をわたしたちはここでも見ることができます。そして「よい」を知ることの困難さや限界を十分に理解したうえで、アリストテレスは言います、わたしたちが求めるのは「人間にとっての善」である、と。身体をそなえ、この世のなかで生きているわたしたちの「よく生きる」を探求しようとしたのです。プラトンが語った「善のイデア」は、「人間の行うべき善、獲得すべき善を意味するのではない」と、アリストテレスは明快に批判しました。

　ただ、アリストテレスの考え方も、基本的にはソクラテスの立場の延長線上にあります。「よく生きる」とは、「よさ」を探求して生きることにほかなりません。彼はそれを「徳に従って生きる」と言いますが、それは「人間らしく生きる」ことなのです。そしてソクラテスと同様に「快楽主義」との対比で、アリストテレスはそれを語ります。まずその筋道を簡単に示すことにしましょう。以下のようになります。欲望を満たして快楽を得るという生き方は、人間に固有なものではなく、他の動物にも当てはまることです。そうであれば、その生き方は「人間らしい生き方」ではありません。すなわち「人間の幸福」とは言えないのです。では、他の動物にはなく人間独自のものとは何でしょう。そのことは、「人間は理性をもつ動物である」という、ギリシアに広く共有されていた人間観、人間の定義から理解することができます。つまり、人間にのみそなわっている「理性」という能力を十分に発揮すること、それが「人間らしさ」であり、その理性の能力は何よりも「知る」ということに代表されるので

す。このようにして、「知恵を愛し求める〔哲学する〕」こと、「人間らしく生きる」こと、「よく・幸福に生きる」ことは、事柄として同一のことを指すことになるのです。この「徳に従って生きる」という人間の幸福は、「快楽主義」が「欲望の実現」を目指すのと対比すると、「人間性の実現」を目指すものだといえるのかもしれません。この立場は「徳の倫理」という名前で言い表されます。中世にはキリスト教と結び付き、支配的な立場となりました。そして今日でもやはり、一定の影響力を有する考え方なのです。

ではもう少し、アリストテレスの考え方に独自な点を、2つにしぼって説明することにしましょう。まず1つは、アリストテレスは学問を体系化したことで有名ですが、「よい」についての考察を「他の仕方でありうるもの」の探求の1つに分類しました。対象を見て知る学問〔理論的な学問〕ではなく、実際に行うことを重視する学問〔実践的な学問〕として、「よい」は考察されねばならないのです。前者の学問に属するもので、分かりやすいものとしては、「自然学〔物理学〕」があげられるでしょう。「自然に存在するもの」は、「他の仕方でありえないもの」だとアリストテレスは言います。それは、今日の言葉で言えば、自然法則に従い、正しい仕方で観察されればその真のありかたが見えてくるものです。すなわち、それをわたしたちは「知る」ことができるのです。それに対して、「よい」は厳密に「知る」ことではありません。考察において示されるのは「よい」をめぐる「多くの差異と揺れ」です。時により、また場所により、そしてそのつどの状況により、「よい」は多様なすがたを示します。アリストテレスはそれを現実とみなしたのでしょう。ですから、「よく行う」ことを重視する実践的学問は、「知る」ではなく、そのつど置かれた個々の状況をふまえて「思慮する」ことが肝心だ、というのです。

もう1つの特徴として、アリストテレスは、「人間らしさ」は「知る」ことだけにあるのではなく、習慣づけによる性格形成も大いに関係する、と主張しました。やはり現実問題として、アリストテレスは、よくないと知りつつもそれを行ってしまう、そういう人間のありかたを理解していたのでしょう。だからこそ、「欲望」や「感情」という「知る」とは別の行為の原理を、習慣づけ

によって制御しなければならないし、人間にはそれが可能だ、とアリストテレスは主張するのです。もちろん究極的にいえば、「人間らしさ」は「理性」の知るという働きにこそあります。アリストテレスはそれを「知性の徳」と呼び、重視しています。けれども、それとは別に「性格の徳」というものがあって、それも「よい行い」に欠かすことができないと彼は考えたのです。ソクラテスが述べた「正義」「勇気」「節制」などは、ここに位置づけられることになります。そしてわたしたちは、そのつど1つひとつの行為の「よい」を、状況をかんがみて思慮するとともに、それに反する欲望を制御できる心持ちをそなえていて初めて、「よい行い」を実現することができるのです。さらに、その行いが、まさにそれ自体を目的として行われるとき、わたしたちは「人間らしく生きる」のであって、アリストテレスはこのような行いのうちに人間としての「幸福」を見いだすのです。

　そして最後にひとこと付け加えておくと、その「幸福」には、快楽がともなうとアリストテレスは言います。ただあくまでも、「よい行い」が実現されたときに、それに付随するかたちで快楽が生じるのであり、快楽それ自体を目的とする立場、すなわち「快楽主義」とは明確に区別する必要があるでしょう。

4　「よい」をめぐる論争の時代へ──アリストテレス以後

快楽主義と禁欲主義

　ソクラテスが大原則とした言葉をもとに、これまで「よく生きる」ことについての探求を追ってきました。すると、「知恵を愛し求める」ことが幸福であるという立場が、ソクラテスにつづく哲学者たちの間で、その実現については困難さがあるとはいえ、強く支持されていたことが理解できたと思います。その一方で、ソクラテスが「ただ生きる」とみなした生き方についても、一定の論理があり、そこでも「知恵を愛し求める」という営みが成立していることも見て取れたように思われます。それら2つの立場は、アリストテレス以後のヘレニズム期において、よりその対立を深め、論争の時代へと移っていきます。

エピクロス

論争は、それぞれの立場の特徴をより際立たせるとともに、相手の主張の一部を取り入れて自分たちの弱みを克服するという作用ももたらしました。前者の立場を代表するストア派と、後者の立場を代表するエピクロス派の考え方をもとに、そのあたりをごく簡単に確認したいと思います。

まずエピクロス（BC341-270）の快楽主義を見てみましょう。エピクロスは、快楽を何よりも「よい」ものとみなしますが、その快楽を得るためには、人間の「知る」という能力を十分に発揮させねばならない、と考えます。ただやみくもに目の前の欲望をかなえようとするのではなく、その結果生じるであろう事態をもふまえて、より多くの快楽が得られるように、快楽の総量を計算するのです。また、自分に生じた欲望が、自然なものであるかそうでないか、その種類を判別するのです。さらには、快楽とは反対の苦痛を取り除くために、苦痛の源をつきとめねばならないのです。それらの局面においてこそ、人間の理性は有効に機能しなければなりません。快楽という「よい」目的にてらして、そのつどの行いの「よい」を知る必要があるのです。つまり、快楽主義的な幸福を求める際にも、「知恵を愛し求める」ことは、1つの手段として必要なものとみなされるわけです。

対してストア派とは、ゼノン（BC335-263）が創設した学派です。ストア派は、哲学の立場としてそれほど有名ではないかもしれません。しかし、わたしたちがふだん用いる「ストイック（禁欲的）」という言葉は、このストア派に由来します。そしてその言葉のもとで理解されている通り、最も激しく「快楽主義」と対立した学派なのです。彼らはやはり、徳を重視し、「人間らしく生きる」ことを「知る」ことに認めました。そのうえで、人間の「よい」を知るためには、自然全体を知ることが必要であると彼らは考えます。なぜなら、人間も自然の一部であり、自然のありようを知ることができてはじめて、人間にとって

の「よい」も知ることができる、そう考えたからです。けれども、そのような意味での「知恵を愛し求める」ことの困難さは、容易に想像がつくでしょう。ストア派の理想とする「知者」は、彼ら自身、500年に一度しかあらわれない不死鳥にたとえているように、ほぼありえないことなのです。

ゼノン

　では、荒唐無稽な主張を、彼らは自覚しながら示したのでしょうか。きっとそうではありません。彼らは「人間らしく生きる」ことの理想とともに、またそれとは別に、そのときどきに行うに「ふさわしいこと」がそれぞれの人間にはあって、それを適切に行うことが人間には求められる、そのように考えたのです。ストア派が述べた「ふさわしいこと」は、のちに「義務」と訳されました。今日の理解とは少しずれるかもしれませんが、「義務論」と呼ばれる立場の原型はここにあります。人間に究極的に求められる「よい」についての知を想定しつつ、わたしたちは、それぞれがおかれた状況のなかで「すべきこと（義務）」を見定める、そのための知が求められるのです。この立場も「したいこと（欲望）」を原理とする快楽主義を強く批判します。というのは、快楽は「すべきこと」を見誤らせるからです。そして、この「義務論」という考え方は、先に「徳の倫理」を「人間性の実現」と言い表しましたが、それと重ねるなら、その場、その時において自分の役割を果たすという意味での「自己の実現」といえるかもしれません。それぞれに「ふさわしいこと」があって、それを見極めたうえでなされた行いは、1人ひとりの本来あるべき姿の実現と考えられるからです。

おわりに——わたしたちの課題として

　少しまとめることにしましょう。「よく生きる」ことを古代ギリシアの哲学

者たちは探求しました。そこで示された回答をおもいきって類型化すると、快楽主義の立場をとるものは「欲望の実現」を、徳の倫理の立場をとるものは「人間性の実現」を、義務論の立場をとるものは「自己の実現」を、それぞれ「よく・幸福に生きる」こととみなしていた、このように言うことができるかもしれません。そしてそれぞれにおいて、「知恵を愛し求める」ことが、その知恵の内容、位置づけという点で異なりがあるとはいえ、必要とされたのです。そうだとすると、冒頭のソクラテスの言葉は当初とは少し違った仕方で理解する必要があるでしょう。というのは、「ただ生きる」という生き方は、おそらく人間には無理なのであって、ソクラテスが批判したような「ただ生きる」という生き方においても、人間は何らかのかたちで知恵を愛し求めていることになるからです。そうであるなら、ソクラテスの言葉は、まず「生きる」ことをわたしたちに自覚させ、そのうえで「よく生きる」ことへの積極的な関わりをうながす、そういうものとして理解すればいいのではないでしょうか。きっとソクラテスは意図的に、わたしたちを困惑させ、わたしたちに疑念を抱かせたのでしょう。

　そして、その言葉によって「よく生きる」ことへの探求が課せられたソクラテス以降の哲学者たちは、あるものはソクラテスの考え方の延長線上に、またあるものはそれと対立する仕方で、彼ら自身の回答を示しました。わたしたちは、それぞれの回答を理解することを試みたうえで、今度は、それらから離れてわたしたち自身で考察しなければならないでしょう。わたしたちはいまだ、ソクラテスが導いた探求の途上にあるからです。ただその際、示された回答全てに共通して示されたのは、「よく生きる」ということが問題となるときに、まずもって問われているのは「このわたしが今ここで行っていること」だ、ということでしょう。あなたが今この文章を読んでいるとするなら、ひょっとすると、その行いがそのままで「よく・幸福に生きる」ことを実現している、そのように言うことができるかもしれません。それがどのようなことなのか、示されたそれぞれの立場にもとづいて、考えてみてください。

演習問題

1) 「大切なのはただ生きることではなくてよく生きることだ」というソクラテスの主張を批判することはできないだろうか、考えてみましょう。
2) どのような理由でソクラテスは訴えられ、またそれに対してどのような弁明を行ったのか、プラトン『ソクラテスの弁明』などを読んで調べてみましょう。
3) アリストテレスの倫理学の特徴が何であるか調べてみましょう。
4) 快楽主義と徳の倫理がどのような論理にもとづいて自分たちの主張を展開したのか、この文中の中から読み解いてみましょう。

関連文献

アリストテレス［2002］『ニコマコス倫理学』（朴一功訳）、京都大学学術出版会。
内山勝利他編［2007/2008］『哲学の歴史』（2巻）、中央公論新社。
プラトン［2012］『ソクラテスの弁明』（納冨信留訳）、光文社古典新訳文庫。

第6章　中世哲学
幸福とは何か？　幸福を獲得するには何が必要か？

はじめに──幸福・法・徳

天使たちとトマス

　以下では、哲学の主要な課題の1つ「人間はどう生きるべきか」を取り上げ、西ヨーロッパ中世では、どう答えられたのかをみたいと思います。

　とはいえ、当時の多種多様な立場からの答え全てをみるわけにはいきません。ここでは、中世最大のキリスト教哲学者・神学者であるとひろく承認されるトマス・アクィナス（1225ごろ-1274）の答えに限ることにしたいと思います。その際彼の幸福論を中心に取り上げるとともに、その実現のために必要な法と徳にかんする彼の見解にも、ごく簡単にですが触れたいと思います。

　では、目指されるべき最高の善は何かという、人生の主要な問いにかんするトマスの立場をみることからはじめましょう。

1　目的論・幸福論

『神学大全』の構造

　『神学大全』（1265-1273年）は全3部からなるトマスの主著です。書名の示す

通り、同書では神学の全体がまとめられています。実際第1部は神を、第3部はキリストを、そして中間にある第2部は、神によって創造された人間が、キリストを仲介者として神に向かっていく動きを、それぞれ主題として、簡潔明瞭に論じています。

同書全体のこのような構造は、何よりもまずキリスト教的な世界観にもとづくものですが、それだけではありません。哲学的には、新プラトン主義的な流出論や還帰論にもとづくともいえるものです。ただし注意が必要なことですが、同書の倫理学的部分であるとされる第2部、特にその前半部に限っていえば、その構造は、一般にはアリストテレス（BC384-322）の『ニコマコス倫理学』を模しているとされます。『神学大全』には、明瞭に新プラトン主義をはじめとするさまざまな哲学思想が流れ込んできているのは確かです。しかしトマスがキリスト教の教えと信仰を明瞭にする上で最もよく活用するのは、実はアリストテレス哲学であり、その影響が構造にまで浸透しているのが、第2部であるといってよいでしょう。

実際第2部で真っ先に詳論されるのは、『ニコマコス倫理学』と同様、人生の「目的」です。それは、今は到達されていませんが、そうなることが目指されているもののことであり、単なるおわりではなく、到達されるならば願望が満たされるような善いおわりを意味します。そしてトマスがこの目的論でまず結論する重要なことの1つは、ただ1つの究極目的が人間にはあるということです。彼のいうところでは、そもそも人間にとって生まれつきといってよいほど自然で特徴的なことは、まず、目的を目指して生きるということであり、次に、その目的に到達するための手段について思案をめぐらし選択するということです。ところが、その当の目的は、そもそも別の上位の目的に到達するための手段としてあらかじめ追求されているものでもあります。例えば、ある人が薬を飲むのを選択するのは、病を治し健康になるためですが、実はその健康は、当人が大学の授業に出席するための手段として追求されているものでもあるのです。そしてもし目的と手段のこのような系列があり、それはさかのぼることはできても無限にではないとすれば、唯一の究極目的があるとしなければなら

ないとトマスは考えます。

幸福はどこにあるか？

では以上のような究極目的に到達することこそ、全ての人の願望をあますところなくすっかり満たす状態、つまり「幸福」であるとすれば、それはどこにあることになるのでしょうか。トマスが引き続きアリストテレス哲学に依拠しながら結論するところでは、幸福は、富や快楽のような身体的・物体的な善を手に入れることにはないということになります。例えば富であれば、それは結局、住居や乗物、衣服や飲食物のような、生活を維持するための手段であるか、それとも金銭のような、生活に必要なものを購入するための手段であるかのどちらかであり、それを手に入れるだけでは、幸福という目的に到達することにはなりません。また例えば快楽は、人間が喉の渇きを癒すために飲物を取る場合に覚えるものであるように、感覚が身体にとって善いものを得ることにともなって生じるものです。ところが人間は、身体だけでなく知性のような精神的なものからもなっています。したがって快楽は、せいぜい身体という人間の特定の部分が満たされることにともなって生じるものであるにすぎず、やはりそれを覚えるだけでは幸福に到達することにはならないとトマスは考えるのです。

完全な幸福は見神にあること

以上のように幸福は身体的・物体的な善にはないとすれば、それは結局どこにあるのでしょうか。以上のような幸福や目的にかんするトマスの見解は、アリストテレスの見解と一致するものであるか、少なくともアリストテレス解釈として許容される範囲内のものです。ところがトマスはここにいたって、アリストテレスの見解からは明らかに外れることになる見解を表明します。すなわち完全な幸福は現世では得られない。それは来世で神をあるがままにみること、つまり「見神」にあるというキリスト教的な見解です。

そもそもアリストテレスが『ニコマコス倫理学』でやや唐突な印象をあたえながらも最終的に結論するところでは、幸福は人間が「観想」することにあり

ます。観想とは何を意味するのでしょうか。その意味を正確に把握することは、一般には困難であるとされます。同書でのその説明がかならずしも十分ではないからです。しかしそれでもアリストテレスの言葉をもとにして、次のようにはいえます。すなわち観想とは、知性を最高度に善く働かせ、永遠不変の真理の考察に専念することであるとはいえます。そしてその際アリストテレスは、例えば、知性が人生全体を支配し導く最高の能力である

見　神

といったことや、永遠不変の真理は変化をこうむらない最高の対象であるといったことをその理由としてあげています。

　ところでトマスは、こうした観想の対象となる真理が、数学や形而上学のような実践的でない思弁的な諸学におけるものであることを明確に指摘した上で、以上の見解を受け入れるのですが、それでよしとはしません。アリストテレスのいう観想では、幸福の理念は完全には満たされない。見神こそ、幸福の理念を完全に満たすものであるとトマスはさらに主張するのです。見神はひじょうに想像しづらい事態ですが、聖書の記述によれば、それは次のような独特な事態です。すなわち、天国に入ることのできた人間は、神から顔を背けられたり、神によって逃げ隠れされたりするということもなければ、例えば鏡のような媒介物に映る限りでしか神を知ることができないということもありません。神と直接に出会いたいへん親密になることができます。人間は神とのこのような特別な関係に入ることを渇望して、現世を生きるのです。

　もちろん完全な幸福は見神にあるという考えそのものは、以上のように直接にはトマスの信じるキリスト教の教えに由来するものです。アリストテレスのどの著作にもありません。しかしトマスのみるところでは、まず、人間の願望をあますところなくすっかり満たす幸福が実現するためには、現世での観想では不十分であるということは、アリストテレスによっても示唆されており、次

に、そのためには来世での見神が必要となるということは、アリストテレスによっては明言されないにしても、その哲学に依拠して明らかにできることなのです。今見神の必要性にかんする議論に限って、そのあらましを述べれば、以下のようになります。

見神の必要性

そもそもアリストテレスもいうように、真理を明らかにしたいという知性的な願望があることは、人間にとって自然なことです。そしてその願望は、ものごとの何であるのか、つまり本質の把握が深いものであればあるほど、それだけいっそう満たされます。例えばある人が、日蝕のようなめずらしい自然現象を目撃して驚き、その原因を知りたくなったとします。そのとき、ただ太陽が月によって隠されることがその原因であるということだけを知る場合と、さらにそのような隠され方がまれにしか起こらない原因をも知る場合では、その人の知りたいという願望の充足度は、格段にちがってくることでしょう。ところでトマスによれば、人間はそのような原因の探究の果てに、神と呼ばれる、万物の第一原因がいることを知ることまではできても、現世ではその本質を把握することまではできません。なぜでしょうか。やはり「はじめに感覚のうちになかったものは知性のうちにない」という、アリストテレス的な有名な命題がいうように、人間の場合、認識は、まず感覚によって行われ、その後、感覚によって把握されたものにもとづいて、知性によって行われることになります。ところが、感覚によって認識されたものは、結果にはかならず原因があり、その原因もまた別のものを原因としてそれによって引き起こされた結果にすぎないという因果の系列を考えさせる材料にはなっても、その系列のはじめにある第一原因の本質そのものを認識させる材料にはなりません。神からあまりにも遠く離れているがゆえに、神を表現しているとはとてもいえないからです。こうして人間の知性的な願望は、現世では不完全にしか満たされないことになります。完全に満たされるためには、来世のことになるとしても神をあるがままにみられることが要請されるとトマスが結論するゆえんです。

見神のための神の恵みの必要性

　以上のように、トマスがアリストテレス哲学に依拠してはいても、アリストテレスは何も言及しない見神を幸福のありかとして承認することは、もちろんキリスト教を信じるか信じないかという両者のちがいのあらわれであるといってよいでしょう。そしてそのちがいは、見神のためには神の「恵み」が必要であると、トマスがやはりアリストテレスとは袂を分かってでも考えるところにも、反映されているといえるでしょう。

　実際トマスはアリストテレスとともに、人間の諸能力の中では知性を特に高く評価するにしても、それは生まれもった自然のありかたをする限り、人間からも隔絶する神のような存在者の本質を実際に把握するだけのちからをもたないと考えます。しかし知性が神の恵みを受け、それによって助けられることで、そのありかたを高められるのであれば、知性はそのようなちからをもつことも可能であるとトマスは考えるのです。知性を器にたとえていえば、それは、もともとみごとなものであるにしても、通常であればとても入らないし入れるのにふさわしくもない立派なものを入れられるように、量的にも質的にもそれにみあう、いっそうみごとな器へと、作者の手によってつくりかえられるのです。トマスはこのような事態を、より一般的には、「神の恵みは自然を廃棄せず、むしろこれを前提として完成する」という有名な言葉でいいあらわしています。

2　自然法論と正義論

見神のための法と徳の必要性

　トマスは以上のように幸福のありかを見神とするのですが、では、人間はどうすれば見神に到達できるのでしょうか。もちろん最終的には、今触れたばかりの神の恵みも必要となるのですが、しかし現世で人間自身が行う必要のあることもあります。彼がやはり『神学大全』第２部でまとめあげるところでは、その１つは、内的には「徳」を備えることであり、もう１つは、外的には「法」によって導かれることです。

なぜこうしたことが必要になるとトマスは考えるのでしょうか。形式的に答えれば、それは人間が究極目的から逸脱せずに、そこへ向かえるようになるためです。

そもそも人間は究極目的を志向する限り、当人とその目的のあいだには長い距離があることを自覚して、それを埋めようと努力するわけですが、しかしその際人間は、到達を可能にする正しい善い行為ばかりをするとは限りません。人間は、神学的にいえば「神の似像」として創造されているがゆえに、かえってそこから逸脱させるような悪い行為もしてしまいます。

敷衍すれば、人間は、地上の他のどの存在者ともちがい、知性的であり、意志決定に自由である点では、確かに聖書に登場する神のようであるといってよいでしょう。実際人間は動物の一種であるとはいっても、獣のように本能にまかせて自然必然的に行動するわけではありません。衝動を感じても立ち止まって考え直し、本当は何が行われるべき正しい善い行為であるのかを思案し、判断をくだすことができます。人間は、甲を行うことにも、またそれと反対対立する乙を行うことにも開かれているという意味だけでなく、思案や判断を主体的に行えるという意味でも自由なのであり、それは、やはり世界を自由に創造したとされる神に近いことなのです。しかしながら人間は、知力にせよ意力にせよ明らかに神には及びません。例えば、思案する際に必要となる情報に誤りが混入していた結果、最善の判断をくだせなかったということや、恐怖を覚えたり別のものへの快楽に心を奪われたりした結果、判断された事柄を選択・実行できなかったということが、起こりえます。

そこで必要となるのが、知性や意志が身につけるならば、その本領を発揮して、善く思案・選択できるようになる徳であり、またそうした思案・選択の基準となる法であるとトマスはいうのです。

法論

では、どのようなものが法であり徳なのでしょうか。まずトマスの法論ですが、それは現代の法哲学の主流である「法実証主義」ではありません。法実証

主義とは対立的ではありますが、法哲学の歴史を通じて盛んに論じられてきた「自然法論」になります。その起源は、とおく古代ギリシア・ローマの哲学に求められます。

　この２つの法理論をごくおおまかに整理してみましょう。まず法実証主義ですが、この立場からすると、法は、例えば国会のような立法機関を介して、人間という立法者の意志によって定められた命令に限られます。例えば自動車は、道路の右側と左側のうち、どちら側を進行するべきであるのかは、それ自体としては、どちらでもよいことです。しかしそれでもいったん左側通行が法として定められたのであれば、その法に従う義務が生じます。これに対して古典的な自然法論は、以上のような人定法を排除しませんが、しかしそれは、あくまでも自然法が規範となるあるべき法として前提された上でのことです。自然法とは、わたしたちの生きる宇宙や自然に内在してそれを支配する道理のことです。それはどんな人間の意志によっても左右されず、かえって人定法を基礎づけ批判する上位の命令として位置づけられます。例えば今あげたばかりの左側通行を命じる人定法は、さかのぼれば、交通の安全は確保されなければならないといったたぐいの自然法によって、その法としての正当性をあたえられることになります。

　トマスは、特にアウグスティヌス（354-430）の考えを背景にして、自然法の上にはさらに、永遠法とよばれる上位の命令があることを認め、独自の自然法論を打ち立てています。永遠法とは、神の精神のうちにある法で、神が世界を摂理し統治する際に従う道理です。トマスによれば、人間は神ではありませんから永遠法の全てを知ることはとてもできません。しかし永遠法は部分的には人間に開示されます。自然法はその１つのあらわれです。人間は神の似像として、知性によって自然の中にそれを発見していくことができるとされます。それは例えば、生命を保持することや殺人・盗みを犯さないこと、それに子どもを増やし適切な教育を受けさせること、隣人・神を愛することを命じる掟です。

徳 論

　以上のような自然法論は、トマスの徳論とも関連します。そもそもトマスは、徳の本質を基本的にはアリストテレス哲学に従って理解しており、それをある種の善い習性であるとします。ですから徳は習性であるといっても、特定の行為を反復しさえすれば自動的に身につく固定化された単なる習慣を意味しません。例えば毎朝、あるカフェに足を運んでいるうちに、朝を迎えると、無意識にそのカフェに向かうようになっていたとしても、それは有徳になることではありません。徳は、人のちからで身につけられるようなものである限り、あくまでも目的に到達するための善い働きを行えるように、教育や経験をとおして能力のうちにじょじょに蓄積・形成されていくちからとしての習性を意味します。そしてそのおかげで能力は、最大限、善い働きを行えるようになるのです。思案に必要な情報に虚偽が混入しないようにする「思慮」や、判断された事柄を、恐怖を克服して選択・実行できるようにする「勇気」は、その例です。

正 義 論

　徳には実にさまざまなものがありますが、そのうち特に自然法との関わりの深いものの１つに、「正義」があります。実際法が追求するものは何かといえば、それは正義であるといってよいでしょう。自然法であれば、それは自然の中に根ざした正しさを求めるわけです。ではトマスは何を正義と呼ぶのでしょうか。彼はアリストテレスとともに、それを個人が他者との関係において所有する徳であるとするだけでなく、やはりアリストテレス的な、現代でも用いられることの多い正義の分類をも継承して、正義には、「交換的正義」と「配分的正義」、それに「法的正義」があるとします。

　まず法的正義ですが、それは、人が身につければ、社会や共同体を形成してともに生きる他の人びとのために、つまり「公共の福祉」あるいは「共通善」が実現するように、文字通り法を守るようになる正義の徳です。つまりこの徳は、他の人びとも善い生活を送れるように、個人が法に従って生きることを可能にします。

次に配分的正義ですが、それは、社会や共同体を代表する人が身につければ、そこに属する人びとに対して、各人の能力や功績に応じて、共同の利益や負担を配分するようになる正義の徳です。例えば税負担が収入にあわせて重くなったり、給与が成果に応じて高くなったりするのはそのせいです。

最後に交換的正義ですが、それは、人が身につければ、他の人と、互いのもつ異なるものを、同等の価値をもつ限りで、売買や契約にもとづいて交換するようになる正義の徳です。例えばひとが船を購入しようとすれば、相手に支払う代金はそれにみあったものでなければなりません。

正　義

正義の徳は以上のように分類されますが、それらは互いに無関係であるわけではありません。交換的正義も配分的正義も、法的正義を前提にして、それの目指す共通善の実現にそれぞれに寄与する特殊な正義であるとみてよいでしょう。実際貧困に悩む人の税負担を軽くしたり、交換したものにみあう代金を相手に支払ったりすることは、社会の中でその実現が望まれる善だからです。

徳は、一般には、個人が善く生きることを可能にするものですが、正義の徳は、以上のように個人の生を、他者との関係において律することを可能にするものとして位置づけられています。

お わ り に——旅人としての人間

最後に以上にみてきたトマスの倫理学説を要約しておきましょう。(1) 人間には唯一の究極目的がありますが、それは来世において期待される見神です。(2) その完全な幸福にあずかるためには神の恵みも必要ですが、人間自身が行う必要のあることもあります。1つは、法に従って生きることであり、もう1つは、有徳になることです。人間はこの2つを実現することによって、思索

や選択を善く行えるようになり、神に向かう道程をまっすぐに歩むことができます。

演習問題

1) この世界の中には、悪と呼ばれるものがあります。それにはどのようなものがあり、どう分類されるのでしょうか。
2) 全知全能の神が世界を創造したとすれば、悪が起きないようにすることもできたはずですが、にもかかわらず悪があるのはどうしてでしょうか。
3) 自然法と呼べるものがあるとあなたは考えますか。あなたがそう考える理由とともに説明してみましょう。
4) キリスト教は愛の宗教と呼ばれることがあります。それはなぜでしょうか。
5) アウグスティヌスやトマスのような、キリスト教哲学者は、愛や正義をどのようなものとして理解しているのでしょうか。

関連文献

稲垣良典［1979］『トマス・アクィナス』勁草書房。
稲垣良典［1999］『トマス・アクィナス』講談社学術文庫。
稲垣良典［2009］『トマス・アクィナス『神学大全』』講談社。
ウィルズ，G.［2002］『アウグスティヌス』（志渡岡理恵訳）、岩波書店。
加藤和哉［2007］「トマス・アクィナスの至福論とアリストテレス」『聖心女子大学論叢』109。
沢田和夫［1969］『トマス・アクィナス研究　法と倫理と宗教的現実』南窓社。
ジルソン，É. 他［1981］『アウグスティヌスとトマス・アクィナス』（服部英次郎他訳）、みすず書房。
出村和彦［2017］『アウグスティヌス　「心」の哲学者』岩波新書。
服部英次郎［1980］『アウグスティヌス』勁草書房。
ファン・ステンベルゲン，F.［1990］『トマス哲学入門』（稲垣良典他訳）、クセジュ文庫、白水社。
宮谷宣史［2004］『アウグスティヌス』講談社学術文庫。
山本芳久［2017］『トマス・アクィナス　理性と神秘』岩波新書。
レイチェルズ，J.［2003］『現実をみつめる道徳哲学　安楽死からフェミニズムまで』（古牧徳生他訳）、晃洋書房。

第7章　近世哲学
善き行為と幸福をめぐる問い

はじめに

幸福と義務への問いかけ

　友達関係を壊したくないから友達との待ち合わせ時間に遅れないように家をでる。単位を落としたくないから大学のゼミでは、寝ないようにする。他人の目が気になるから空き缶のポイ捨てをしない。犯罪だから万引きしない。毎日の生活の中で、われわれはこうした習慣やルールとともに行為（行動）しています。人間の行為にはさまざまありますが、それが「行為」と呼ばれるからには、心臓が勝手に動いているとか、木の葉が揺れているといった、身体の自律的運動や物体運動とは違う何かをわれわれは感じ取っています。またわれわれ人間は、動物と異なり、ゼミ中にお腹が減って、いきなりよだれを垂らして教室から不意に出て食堂へ向かうこともないですし、真夏にいくら暑いからといって全裸で街中を徘徊することもありません。こうした動物との差異を、人間が持つ特有の「恥」意識や「公法」の視点から論じることは、もちろんできるでしょうけれど、恥の意識や法の起源を考えるためには、どうしても人間の行為のありかたを一度は分析してみなければならないのです。

　例えば有名なラーメン店のラーメンをどうしても食べたいと思い立ち、長蛇の列に並ぶとしましょう。念願かなってそのラーメン大盛を食べた後、みなさんは「幸せ！」と思うかもしれません。でも食べた直後であれば、もうこれ以上は食べられないという満腹感で充たされ、人によってはもうこれ以上ラーメンはみたくないと思うかもしれません。でも、少し経つと、もっと別のラー

メンを食べて幸福感に充たされたいと考えるかもしれません。今、あえてここで「幸福」という単語を使いましたが、普段のわれわれが感じている、あるいは考えている幸福は、大概、おいしいものをたくさん食べるとか、欲しいものを、（もちろんお金を払って）入手するといった行為に付随して使われます。

ところが、古代や中世の箇所でも触れられた事柄と関連しますが、こういった幸福は刹那的で長続きしないものです。むしろ、幸福であることを求めることで、苦しむことの方が多いかもしれません。人間の欲望は果てしがないからです。近世哲学の脈絡の中で幸福を考えることは人間の行為を考える上で重要な要素の1つでした。しかし、同時に幸福という概念がもつ危うさについても議論されてきました。このあたりについて、本章で考えていきましょう。

1　幸福とは

カントの義務論

18世紀末に活躍した哲学者カント（1724-1804）は『純粋理性批判』（1781年）の最後の方で、幸福に関して面白いことを述べています。ここでその部分を簡単に紹介します。

幸福とはわたしたちの現世的な人間のあり様・身体的欲求（カントはこれを「傾向性」といいます）の満足にすぎず、人間が道徳的に正しく生きるということを幸福によって測ることはできない。人間が幸福に価する行為を第一に考えなければ正しい行為は成立しない。幸福に価する行為とは、道徳法則にもとづく行為である。

ここでの正しい行為は「道徳的行為」ともいい換えられます。カントのこの発言は、実は、近世の道徳論（倫理学）を考える上で、重要な視点を提供しています。前章までで触れられたように、古代や中世では幸福が人間の善き生き方、「徳」と連関させられて語られることがありましたし、中世においては、神との関係において、人間の内的生の充実という点も重視されました。それら自体の要素はルネサンス以降、デカルト（1596-1650）に始まるといわれる近世

においても踏襲されますが、そこで強調されるのが、上で触れた「道徳法則」という観点なのです。以下の事柄は、一部、第3章でも述べられていますが、ここで近世の道徳観について簡単に論じましょう。

スピノザ

デカルト以降、神の世界支配という見方に大きな転換が生じました。この世界（あるいは現象界）はデカルトによれば、神の創造以後自律的に動いています。その中で、確実な生き方を神にいちいち問い合わせることはできません。神といったん区別された上でのわれわれの行為の指針はわれわれが考えて見いだすしかありません。デカルトは、暫定的道徳という考え方によって、人間の行為のありかた自体を理解しようとしました。デカルト以降にあらわれたスピノザ (1632-1677) は、デカルトの二元論を乗り越えるために、世界と神の同一性を唱えました。その結果、人間の行為は結局神の行為へと還元されます。そのため、一見、自由あるいは偶然にみえる行為も、全て決定された必然的な行為となります。神の行いは全て正しく、起こるべくして起こるのですから、そこに人間の恣意性が入る余地はなくなるのです。ですから、人間のなしうることは、神のこの必然的ありかたを知り、それを受け入れることなのです。これは古代のストア派やエピクロス派に近い道徳論ともいえます。このスピノザの見方は、実はカントまで影響をあたえているといわれますが、そこへ進む前に、スピノザの観点をふまえて行為と出来事の違いについて考えてみましょう。というのも自由とか必然という概念は、実は人間の行為と分かちがたく結びついているからです。

行為と出来事

スピノザに限りませんが、この世界の出来事が神の意志にしろ、別の要因があるにしろ必然的に決まっており、自由とか偶然は見せかけであるというのが、細かい異同があるにしろ「決定論」といわれている見方です。フランス革命期に活躍したラプラス (1749-1827) は、この世界の事象の生起を見通せ

る全知なる存在を仮定し、それは「ラプラスの悪魔」と名づけられました。ラプラスの悪魔が存在すれば、われわれが、ラーメンを食べたいと思って行列に並ぶことも、早起きしてゼミに参加することも、ずっと前からの因果系列、つまり物質的な原因・結果の流れの中で決まっていたことになります。今、物質といいましたが、古来、決定論を唱える思想家の多くは、その背後に、物質的な存在による一元論、つまり唯物論を唱えることが多いのです。決定論と似た考えに運命論というのがありますが、これも、人間の行為の背後に人間を超えた存在を仮定し、その存在によって人間の行為がいわば操作されていると「仮定」する点で、決定論と似ています。

現代では決定論的な見方は割と優性かもしれませんが、単なる仮定では素通りできない重大な問題を決定論は秘めています。世界の事象が、全て物理的な因果系列ででき上がっているとするなら、木の葉の揺れる動きも、犬がよだれを垂らして餌にありつくのも、みなさんが眠い目をこすってゼミに来ることも、程度の差しかありません。それはそれでいいでしょう、といわれる方、ちょっとお待ちください。

散歩していてあなたの足にどこかの犬が噛みついたとします。その犬が野良犬であれ、飼い犬であれ、あなた方は、その犬に仕返しをしてすっきりするでしょうか。犬でなければ、こうしましょう。散歩をしていて、いきなり道路が陥没して怪我をしたとします。その道路に八つ当たりしてあなた方はすっきりするでしょうか。もし、すっきりできるのなら、きっとそういう方は真の唯物論者かもしれません。でも、多くの方は、世界は決定論だ、と嘯いたところで、野良犬を放置したり、陥没道路の危険を予測できなかった市役所の対応を非難し、自分の足を噛んだ犬の飼い主に慰謝料を求めるでしょう。なぜでしょうか。そこには実は、われわれが暗黙のうちに世界で生起する事象の中に任意性、いい換えると自由の観点を滑り込ませているからです。

いい直しましょう。全てが決定論なら、医者に行って治療する必要はありません。治るようにあらかじめ決定されているなら、治療しようがしまいが、同じだからです。ですから医療ミスが問題になることさえあり得ません。しかし、

そんなことは、現実にはあり得ません。でも意外と決定論は人気があります。なぜでしょう。その理由の1つは、われわれは、観察できる、つまり視覚的に理解できる世界のありように信頼を寄せやすいからかもしれません。われわれは、心の動きをみることができません。ところが、昨今の脳科学のように、脳のニューロンの働きによって身体の運動が惹起されていると説明すると、因果論の世界があたかも真実の全てであるかのようにわれわれに迫ってくるのです。しかし、繰り返します。それが本当なら、飲酒運転で交通事故を起こした人間に責任を帰することは無意味になります。因果的に飲酒して自己を起こすことは決まっていたのですから。

　道徳とか倫理という問題があらわれるのは、どういう時か、みなさん、少しご理解いただけたでしょうか。自由をわれわれは決して無視して生きていないのです。そして、行為における自由とか恣意性を無視して生きることも実はできないのです。哲学が現実を語ることを仕事とする以上、一見、普遍的にみえる因果的世界連関と自由の問題にどう折り合いをつけるのかが問題となります。

行為と因果

　さてカントは次のように考えました。まず自由はあるのだ、と。ではどこにどのようにしてあるのでしょうか。そこがポイントになります。その前に、先の前節で触れたカントの言葉を検討してみましょう。われわれが傾向性にしたがって生きている状態は、幸福と考えられるでしょうか。プラトンも実は同じことを論じていますが、お腹が減ったら食べる、眠くなったら寝る、一般に「何々したくなったら何々する」という状態は幸福なのでしょうか。もちろんそれが即座にできる状態にいれば幸福かもしれません。でも、多くの場合、できません。甘いお菓子を食べたがる幼児は、お菓子を要求し続けます。しかし、それが健康上良くないことを知っているから、母親は、お菓子をあたえ続けません。あの子とお付き合いしたいからといって、相手の同意がなくてお付き合いはできません。こういう状態は、苦しい状態ではないでしょうか。カントは、こういう状態を引き起こす人間の行為、つまり、そうしたいからする、という

状態を決して道徳的とは考えませんでした。なぜなら、それらは「そうしたい」という欲望にからめとられた不自由な状態であるからです。この欲望は、多くの場合身体的な傾向から生じます。そして身体の傾向は、一種の自然運動、つまり因果的な法則から生じます。ですので、カントは因果的な事象の連鎖のなかに道徳的行為は存在しない、と考えたことになります。

行為と自由

では、スピノザのような場合、神には自由はないのでしょうか。これはカントの立場からみれば、神は自由が必然といったいになっている唯一のケースといえるでしょう。しかし、カントも実は、人間の自由を、似たような観点からとらえたのです。カントの少し前の時代、イギリスを中心にドイツでも、道徳論を心理学的に解釈し、経験によって道徳的規律は理解されるという見方が主流でした。例えばイギリス経験論のロック（1632-1704）やドイツ啓蒙期の哲学者などがあげられます。現代のわれわれも、その人の人格は経験や環境に左右されやすいということに反対する人はいないかもしれません。しかし、問題なのは、品格よく生きるということが、あくまで個々人の経験にもとづいているとすれば、個人によってあるいは文化によって、道徳の基準があいまいになってしまうことです。このことは古代ギリシアのプロタゴラスの説を彷彿とさせます。スピノザの場合、神は絶対ですから、基準は神の行為そのものです。しかし、われわれは神の意志を十分にくみ取れないからこそ苦しむわけです。つまり人間は有限であり、身体をもっているからこそ、身体的欲求や情欲的渇望にさいなまれるのです。われわれが神であれば倫理学など最初から不要なのです。また人間の行為が全て経験に依存しているなら、結局、人間の行為に自由が入り込む余地はありません。例えば、イギリス経験論の祖の1人であるホッブズ（1588-1679）は、極端な唯物論の立場から、自分が思っていることを実現できること、つまり内面的な考えの実現を自由とみなしました。しかし、この自由の見方は明らかに中途半端です。なぜなら、そう思っている内面性が何によって引き起こされているかまったく答えられていないからです。お腹が減っ

たから、ラーメンが食べたいと考えてラーメン店へ向かうのは、果たして自由なのでしょうか。確かに、身体的な拘束なく好きな時にラーメン店に行けることは社会体制的には言論の自由と同じレベルでの自由かもしれません。こうした自由は、それはそれで重要です。しかし、結局、身体の欲求に従う限りでの自由であれば、それは真の自由ではないと、カントは考えたのです。そして同時に、カントの時代、スピノザのような見方もあったもの

カントの道徳論のテキスト

の、基本的には先に触れた通り、デカルト以来、この世界（現象界）の自律性が強く説かれます。特にカントの時代は、啓蒙の時代であり、人間の理性に信頼を置く風潮が強く、有限な人間の立場から倫理学を基礎づけなければなりませんでした。そのために、カントが重視したのはニュートン物理学にあらわれる法則が普遍であるように、道徳も普遍的な法則にもとづいていなければならないという信念でした。そうでなければ、道徳相対主義に陥り、社会や共同体は維持できなくなるという考え方が根底にはあります。

2 カントにおける義務と法則

再びカントへ

ここでみなさんはカントの学説を中心に話が運ばれていることに違和感を覚えるかもしれません。近世において倫理学を論じた哲学者はカント以外にもたくさんいます。しかし、カントの学説は今日においても後で触れる「功利主義」と並んで有力な学説であると同時に、カント以前の倫理学説がカントにおいて整理され、カント後の倫理学説に決定的な影響をあたえているという点で、極めて重要なのです。カントの倫理学の最も核になっているテキストは『人倫の形而上学の基礎づけ』（1785年）（『道徳の形而上学の基礎づけ』と訳される場合もあ

ります）です。この中で、カントは、これまで論じてきた問題について、次のように整理しました。

① 人間の傾向性による道徳法則は、行為の正しい基準にならない。なぜなら、人間の傾向性は人によって異なるから、同じルールを構築するには原理的に限界がある。
② 人間の行為は自由にもとづく。それゆえに、自由の世界は物理法則が支配する因果世界とは異なる世界にある。自由の世界は、現象界に対して叡知界といわれる。
③ われわれの行為が、義務にもとづく行為である時、はじめてそれは善であるといわれる。義務は、普遍的な道徳法則を理解しそれに合致して行為したとき果たされる。
④ 道徳法則は叡知界において自由が存在するための根拠であり、自由は道徳法則としてわれわれに、命法（命令）というかたちで迫ってくる。

ですから、カントにおいて、人間の道徳的な行為の原理は、この木の葉が揺れる世界、心臓が律動する世界とは別の領域に存在するのです。そんな世界は目にみえない、という反論に関しては、みなさん自身でも考えていただきたいのです。例えば、時間はみえませんね、心もみえません。しかしわれわれは常にそういう対象を意識して日々をおくっています。実際、繰り返しますが、物理的世界のみであれば、羞恥心に苦しむ人間のありようは、ばかげた事態になりますし、犯罪者に責任は問えません（「帰責問題」といいます）。自由な行為が自然的因果と切り離された領域にあればこそ、当該の人間に責任を問えるのです。また、カントは、道徳を義務の遂行という観点からとらえました。具体的にいえば次のようになるでしょう。みなさんは、眠い目をこすってゼミに出ています。その理由は人それぞれでしょう。ある人は、哲学が大好きだから、ある人は単位が必要だから、ある人は、好きな子の顔をみたいから、などなど。どのような理由でもきちんとゼミに出れば単位があたえられるでしょう。しか

し、カントはこういう理由付けによっては、その行為が（それが社会通念上、善いとされることでも）義務にもとづく行為だとはいわないのです。電車の中で体の不自由な方を見つけて席を譲るのも、それが、功名心からか親からそう躾けられてきたからか、いずれの理由でも真正な義務の遂行では、ありません。なぜなら、結果として、正しい行為をしただけであり、動機が不適格・不純だからです。これに対して、次のような反論が出るかもしれません。わたしは友達関係を壊したくないから、約束を守る、何がいけないんだ、と。

定言命法

カントは上で述べたような命令（友達関係を壊したくないから、約束を守る、といった類の命令）を「仮言命法」といっていますが、仮言命法は、ある目的のためになされる行為のために内面に迫る声であり、関係を壊してもいいと思っている人間同士の世界では、「約束を守る」というテーゼは普遍的になりえないからです。ですので、カントの義務論の中心にあるのは、なんらの目的も顧慮せずなされる、義務に「もとづく」行為です。義務に「適った」行為ではありません。義務にもとづく行為において迫り来る命令は定言命法といわれます。しかし、実際、身体を持つわれわれが、何らかの行為の目的を顧慮せず、かつ身体の反射運動とも異なる（習慣づけとも異なる）意味で「約束を守る」という行為だけをしているでしょうか。おそらくしていませんし、できないでしょう。それでもカントは、定言命法のみが義務にもとづいて行為するために内に響く声（命令）であり、この命法のみが、真に自由にもとづく人間の行為であり、道徳法則の実現だというのです。

定言命法は、実は、われわれの日常の行為の不純さを測る試金石なのです。例えば、友人だから約束を守ったけれど、友人ではないから守らなかった場合、ちょっとした疾しさを感じませんか。つまり自分の行動が矛盾していることに、少し悩んだりしたことはありませんか。多かれ少なかれ、人間は、自分の行為の帰結に思い煩います。なぜでしょう。それこそがカントが理解した人間の行為の問題なのです。純粋な試金石があればこそ、そことの距離においてわれわ

れは悩み、苦しむのです。定言命法がいつも可能な人に、命令の声は、疾しさの声は聞こえません。なぜなら、それはスピノザのいうような神や天使と同じだからです。カントは、道徳法則にもとづく行為の重要性を人間は暗に理解していると考えているのです。そして、その行為は自由であり、物理的因果の世界とは異なる領域にあるのです。

この節の冒頭で引用したカントの「幸福に価する」という意味はここでより明らかになったでしょう。幸福はカントにとって帰結であって、正直者が浮かばれないこともありうるのです。

幸福と功利

とはいっても、義務にもとづく行為は、ある種の厳しさを伴いますし、実際、その人の行為の目的を（不純度には差があるから）、本人が言明しなければ他者は理解できません。こうした問題は、カントの倫理学説のアキレス腱ともいえます。まず前者の問題から考えてみましょう。カントの義務論に対して対照的な立場の倫理学説として「功利主義」があります。イギリスのベンサム（1748-1832）やミル（1806-1873）がそうした立場を採りました。功利主義の特徴は、幸福追求を放棄しないことであり、結果（帰結）において義務が果たされていれば、それを善いとみることです。例えば、約束を守るということが、結果として、友人同士の関係の安定、ひいては共同体の安定に資すれば善いのであり、約束を守ることが道徳法則にもとづく命法というかたちをとる必要はありません。ですから、極端なことをいえば、動機が不純でも構わないわけです。

功利の原理にみられるように、ベンサムは人間の快楽幸福をもたらす行為が善であるとし、快楽や幸福度の数値化（量化）を考えました。しかし、そうはいっても、「最大多数の最大幸福」という人口に膾炙した表現によくあらわれていますが、ベンサムは、個人の幸福の総体が社会の幸福に結びつくと考えています。ですから、社会の安寧を無視して個人の生き方が考えられていたわけではありません。また、ミルが『功利主義論』（1861年）で「満足した豚であるより、不満足な人間であるほうがよく、満足した愚者であるより不満足なソク

ラテスであるほうがよい」と述べているように、精神的な質を無視して快楽は考えられないし、その点で人間の品性を重視しています。愚者な豚は、自分と異なる意見について考えが及ばない、というのが理由の1つなのですが、ラーメンを、健康を無視して食べ続けるような、「肉欲的な動機」に従う生き方が最高である、という人間の幸福追求のありかたを批判しているとみることもできます。

しかし、功利主義は、結果主義（帰結主義）的倫理学ともいわれるように、個人の内面的な動機を視覚化することはできないわけですから、結果として個人個人が幸せを実感でき、また、それが社会全体の安定につながることが期待されているわけです。また、ミルが『自由論』（1859年）で論じているように、幸福は個人の内面的欲求の実現として理解されているため、自由とは、功利主義においては、言論の自由をはじめとする社会的な拘束からの自由であり、それが実現された多様な意見が交わり合う社会こそが、正義が実現された多様性に富んだ社会とされます。これには、当時のイギリスをはじめとする西欧の社会体制を同時に考慮しなければなりません。

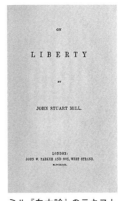

ミル『自由論』のテキスト

おわりに

その他の道徳思想

この章を終えるにあたり、最後にもう1つ論じておきましょう。これまで、倫理と道徳という言葉が混在するかたちで論じられてきましたが、厳密にはニュアンスは異なります。それを強く意識した実践哲学を説いたのがヘーゲル（1770-1831）であり、日本では例えば和辻哲郎（1889-1960）です。ドイツ語 die Moral が道徳と訳され、die Sitte が人倫と訳されることが邦訳で定着していますが、後者は、本来、風俗とか慣習を意味します。ヘーゲルは、人間の行為の

ヘーゲル

動機が視覚化（現象化）されず、個人の意識の中に閉じ込められたままであるというカントの義務論の問題点を突きました。個人の動機がいかに素晴らしくても、それが外面的に把握できない以上、真の倫理学とは考えられないというのです。ヘーゲルによれば、個人の内面レベルの倫理はまさに道徳 die Moral であり、それが実現された状態が人倫 die Sitte において把握されるというのです。ですから、その社会や共同体がどういう共同体であるかが正しく理解されれば、逆に個人の倫理観が理解できるということになります。功利主義と似た側面もありますが、問題は、その実現された状態のどのような状態が最善であるかの基準が判然としないことにあります。しかし、和辻も、人間関係において初めて倫理が考えられるという日本的風土を織り込んだ「関係性の倫理学説」を展開したように、社会体制や慣習を無視した道徳を考えることも不可能でしょう。

近世の道徳思想と現代

　カントのような義務論と功利主義とは、20世紀において競合しつつ、それらのエッセンスが取り込まれるかたちでロールズ（1921-2002）の『正義論』（1971年）などがあらわれました。その意味で、カントの義務論や功利主義は現代でも生きているのです。

　最後に、近世末期から近代に至る時点であらわれた別の系譜の倫理学説をいくつか紹介しておわりにします。ニーチェ（1844-1900）は、西欧の倫理学の基調となっているキリスト教的な価値観の転換を唱えます。そもそも、倫理学の営みは、正義にしても、幸福追求にしても、社会における公平性とか弱者への視点が欠かせません、しかし、そういう道徳意識こそが、人間が生きることそのものへの力をそぎ落としてきた、と考えたのです。また、ヘーゲル以降の大きな学派の1つである現象学派の中から、シェーラー（1874-1928）のような哲学者があらわれました。彼は、倫理学における価値に焦点を当て、さらに共感

によって他者の体験が直接的に理解できるという考えを展開しました。こうした考え方は、実存哲学やハイデッガー（1889-1976）の思想を批判的に取り込みつつ、他者をどのように位置付けるべきかという問題に収斂していきます。サルトル（1905-1980）やレヴィナス（1906-1995）などに受け継がれていったとみることもできます。つまり、他者論が倫理学の重要なテーマの1つになりました。

演習問題

1) 幸福の定義を考えてみましょう。
2) 行為と出来事の違いは本論で述べた以外にどのような観点があるか考えてみましょう。
3) 神の行為を仮定してその性質を論じてみましょう。
4) 自由はどのような状況や領域で論じられているか具体的に考察してみましょう。
5) 義務論と功利主義はどのように調和できるか考えてみましょう。

関連文献

大場健［2006］『善と悪　倫理学への招待』岩波新書。
サンデル，M.［2011］『これからの「正義」の話をしよう　いまを生き延びるための哲学』（鬼澤忍訳）、ハヤカワ・ノンフィクション文庫。
新田孝彦［1993］『カントと自由の問題』北海道大学図書刊行会。
新田孝彦［2000］『入門講義　倫理学の視座』世界思想社。

第8章　現代哲学
実存と徳ということ

1　わたしたちの実感

現代社会と倫理

　わたしたちが毎日の生活を過ごしているこの社会には、ときどきとても大きな災害とか事故とかが起きることがあります。最近の最も大きな例としては、いうまでもなく東日本大震災と、それに付随して起きた原子力発電所の大規模なシステム崩壊、放射能被害の拡大、広範囲に及ぶ健康への危険の恐れ、という最大級の事例があるわけですが、身の回りの事故や災害はそれだけではないでしょう。新聞やテレビ、パソコンのニュース欄などを見ると、毎日のように大きな自然災害や事故についての報道がのっているようです。わたしたちの時代は経済的に非常に発達していて、文化的にもとてもダイナミックな活力にみちた時代ではありますが、同時にさまざまな予期せぬ出来事、大きなリスク、予測不可能で不確実な変動にもさらされた時代であるという感じがします。

　哲学の分野は大きく分けて、世界のうちなる存在者の基本的なありかたや、人間の知識の可能性などを扱う理論哲学と、社会や自然のなかでのわたしたちの「あるべき生き方」や「正しい行動の基準」などを考える実践哲学という、2つの分野からなりたっているわけですが、今日のように人間の交流が非常に激しく、しかもその交流のなかでいろいろな意味での危険や不確実なことがひんぱんに生じていることを実感すると、わたしたちはどう生きるべきなのか、どのように他の人との共同生活を営んでいけばよいのか、という実践哲学の問題関心が、大きな意味をもっているように思われます。

もちろん、わたしたちは基本的に、「人間として正しい行いとは何か」、何をすることは決して許されないことか、ということをよく知っています。人を殺したり、人のもっている財産を暴力的にうばったりすることは、絶対に許されない。また、困っている人びとを助けることは、可能な限り誰もが実行するべき人間としての義務だろう。わたしたちはこのように、倫理的に正しいことと間違っていること、道徳的に善とみなされることと悪とみなされることの違いについて、よく分かっていると思います。

　社会の複雑さ
　けれども、現代のように社会が非常に複雑にできていて、あらゆる出来事が世界規模のレベルでつながりあっているような社会では、今あげたような単純な行為の正しさ・不正のイメージでは、なかなか処理できないこともたくさんあります。今日の世界でも多くの地域では紛争が絶えることはなく、戦争があったり、飢餓が広がったりしている。そのうえ、科学技術の発達や情報機器の進歩によって、これまで考えられなかったような、医学上の健康の維持の可能性や、情報交換の方法の発展がある一方で、極端な生命維持への疑問や、極度なネット依存などへの警鐘など、わたしたちの行為をめぐる倫理的な反省のテーマも、ますます難しくなっているようです。

　例えば、仮に今、ある電車の駅で大きな脱線事故があって、たくさんの負傷者が出ているとします。救急隊の人びとが現場にかけつけて、百人近い負傷者を搬送しようとするのですが、現場は混乱していて誰から助けたらよいか、すぐには分からない。どうしたらよいでしょうか。

　この場合すぐに想像できることは、できるだけ多くの人びとの命を救って、被害を最小限にとどめるように、救急隊の人びとは知恵を絞るだろうということです。この「できるだけ多くの人びとを救って、被害を最小限にとどめよう」というのは、当然といえば当然の対応策ですが、少し細かいことをいうと、1つの実践哲学上の原理に従った考え方なのです。多くの人びとの幸福や不幸が関係する場面では、できるだけ幸福にあずかる人の数を多くして、結果とし

て幸福の総量を最大化し、逆に、不幸の総量を最小化するべきだ——これは、前章の近世哲学のところで学んだ、イギリスのベンサムなどが提唱した「功利主義」の考え方です（きっと電車の事故の現場では、重症の人、中程度の人、軽傷の人にそれぞれ別のタグをつけて、重症の人から優先的に搬送できるようにして、現場の混乱を最小化しようとするでしょう）。

　一方、もう1つ別の例として、同じく駅前の大規模な破壊的事態ではあるけれども、事故ではなくて、例えば過激派のゲリラなどによって起こされたテロ事件であった場合を考えてみましょう。この時にも救急班の人びとは、電車の事故と同じようにできるだけ被害の全体を最小化しようとすることでしょう。しかし、警察はどうするでしょうか。警察はおそらく、この事件の犯人捜しの努力を強化するでしょう。そして、犯人である可能性の強い、非常に疑わしい人物が見つかったとします。この人物は裁判所に回されて、重い刑事罰を受けることになるでしょう。多くの被災者が出た以上、犯人が罰を受けることは当然です。とはいえ、この人に「重い罰をあたえるべき正当な理由」とは何なのでしょうか。

功利主義への疑問

　功利主義の考え方を非常に単純化していえば、その理由は次のようになります。テロ事件によってすでに、社会には大きな不幸が生じてしまっている。そこにさらに、犯人にも重い罰をあたえることは、社会全体の不幸を増やすことにつながるので、刑罰はできるだけ軽いものであるべきだ。とはいえ、もちろんあまりにも軽いと、同じ犯人がまた犯罪を行うかもしれないし、他の人が似たような犯罪を行う恐れもあるから、軽い罰は逆に、不幸を増やすことになってしまう。結局、功利主義的な幸福計算のなかに、将来の不幸の可能性までもいれて考えると、重い罰をあたえたほうが結果する不幸の総量は少ないだろう。重い刑罰は将来の犯罪を「抑止する効果」があるのだから、活用するべきである。

　もしもこのような議論によって、重い刑罰が「抑止効果」のゆえに正当化さ

れるのであるとすれば、テロ事件の犯人の捜査には、一定のバイアスがかかってくる可能性があります。犯罪の抑止のためには、できるだけ早く犯人をつかまえて、できるだけ早く裁判によって重罪を判決し、重い罰をあたえることが、今後の社会のために良いということになる。極端な場合、犯人の特定のための捜査に多少のずさんなところがあり、証拠が不十分であったとしても、結果がよければ正当化されるのではないのか。功利主義の考えをストレートに適用すると、こうも考えられます。

しかし、このような考え方はおかしいでしょう。犯罪は罰せられる必要があるけれども、それは犯人が悪事を働こうと率先して意図したから罰せられるべきなのであって、罰の軽重は、将来見込まれる社会全体の幸福の総量とは無関係なはずだ——。こう考える人も当然いるでしょう。特に、犯人を特定して、テロを防ぐためなら、でっちあげの捜査でもよい、という人は極めて少ないでしょう。罪や罰は社会の幸福の総和とはまったく別のところで考えるべきだ、というこの発想は、功利主義とは別の倫理思想に立っています。例えば、悪事をなした人は人間としての「道徳的義務」に背いたのであるから、その義務違反にたいする罰を受けなければならない、という考え方があります。これは、功利主義よりも前にドイツのカントが主張した義務倫理学です。この考え方についても、前章の近世哲学のところで出てきた思想です。

応用倫理学という分野

現代の実践哲学の世界では今なお、ここで粗っぽく紹介した功利主義やカントの義務論が、非常に大きな影響力をもっています。というのも、18世紀末のカントの倫理思想はフランス革命やアメリカの独立宣言に見られるような、西洋の「近代」における社会の啓蒙運動と密接に結びついていました。また、19世紀のベンサムやミルの功利主義も、イギリス社会が経験しつつあった産業革命時代に、議会制民主主義の徹底や司法制度の改革など、今日のわたしたちの社会意識の土台となるような考え方を用意したものであったからです。これらの倫理思想は、今見たように、その発想の方向はかなり異なっていますが、

近代社会のもつ民主主義的でリベラルな社会を目指そうという根本の方向づけにおいては一致しているので、現代でも自由と平等とを原理とする自由主義社会においては、最も基本的な哲学として広く認められているのです。

さて、功利主義とカントの義務倫理の対決というテーマは、現代においてさまざまな角度から問題となるような、応用倫理学——医療倫理や環境倫理、あるいは情報倫理や技術倫理——の世界でも、極めて活発に論じられています。しかしながら、本章ではそうした問題とは別に、これらの倫理思想ではあまりにも、議論の重心が人間の理性の働きや幸福計算という冷静な考えに偏りすぎているのではないか、という感じ方を重んじるような実践哲学の道を探ってみたいと思います。この考え方では、わたしたちの道徳的価値判断や「よき生」への反省は、理性や計算とは別のところに求めるべきだ、ということになります。この発想によれば、現代社会における個人と社会、共同体と人びとの連帯ということを考えると、以上のような２つの発想だけでは、わたしたちの日々の感じ方と合致しないではないか、というわけです。

いわゆる現代哲学における、西洋の近世哲学の主流の倫理思想とは違う考え方の流れとして、ここでは２つの考え方を取り上げてみます。それはフランスのサルトルなどに代表される実存主義の考え方と、サンデルやテイラーで有名になった「徳倫理学」の考え方です。どちらも20世紀に非常に大きな影響力をもった考え方ですが、その思想の方向は逆だということがいえるかもしれません。実存主義では何よりも、各人の独自な価値基準や行為選択が重視されます。反対に、徳倫理学では人びとが形成しているさまざまな共同体において、各人がより徳の高い人格として多くの人びとの模範となるような姿が追求されます。一方は個人主義で、他方は全体主義ともいえるでしょう。ここではこれらの２つの考え方を見ることで、読者のみなさんがそれぞれの観点から自分はどのような視点に魅力を感じるか、ということを考えてもらえればと思うのです。

2 実存ということ

道徳上のディレンマ

道徳上のディレンマというものを考えてみることにしましょう。わたしは年老いた母と久しぶりに昼食を外でとることを約束をしている。その約束のレストランへ行こうと急いでいるときに、わたしは途中でけがをしている人に会って、助けてあげたいと思った。しかし、レストランでわたしを待っている母は携帯電話をもっていないので、緊急連絡をすることができない。わたしはレストランの電話番号を探す方法もすぐには分からない。もしもわたしの連絡が来ないために、母を困惑させてしまうとしたら、それも決して望ましいことではないだろう。わたしはどちらの人を優先するべきなのだろうか。これはまったく卑近なディレンマですが、こういう経験は誰でも日常していることでしょう。わたしたちは他人への配慮を怠らないという、十分に道徳的な姿勢をもっているのに、どのような行為の選択が望ましいのか、いつでもはっきりしているとは限らないでしょう。

サルトル

20世紀フランスの実存主義の代表的な哲学者サルトル（1905-1980）が、『実存主義とは何か』（1946年）という本の中で取り上げているのは、まさにこうしたディレンマの、もう少し深刻な例です。サルトルはそこで、わたしたちの道徳的な判断には、個人のレベルでの「実存的決断」が関わってくるのではないか、という議論を展開していますが、それは次のような話です。第二次世界大戦中、フランスはドイツ軍に占領されていました。サルトルの若い友人は、自分の家を飛び出してドイツ軍への地下抵抗運動（レジスタンス）に参加するか、それとも未亡人である母の下にとどまって、母の世話をするべきかで非常に悩んでいる。彼はどちらの行動を選択するべきでしょうか。たぶんここには、誰もが納得するような明白な回答は存在しないでしょう。

サルトル

　その若者がレジスタンスに参加しようと決断したとします。そのとき彼は、自分の選択が同じような状況に置かれた誰にとっても適切な判断なのだと、考えるでしょうか。おそらくそうではないでしょう。彼は自分の行動決定において、決断に非常に大きな困難を覚え、深刻に悩んでいた。だから、彼は自分とは違う決定や選択をした者についても、自分と同じだけの権利があると判断するにちがいないでしょう。つまり、純粋に道徳的なディレンマにおいては、何が本当になすべき正しい行為であるのか、ということについて十分な根拠を示すような、既成の原理とか解答とかは存在しない可能性があるのです。
　ディレンマになっている選択肢のどちらにたいしても、それに賛成するべき理由は十分にあります。このような場合、決定はそれぞれの「個人の責任」にまかされていて、誰もが自分の責任で行動を決定する。彼は、別の人であれば、別の決定をするであろうし、その決定にも十分な理由があることをよく知っている。それでも、「自分はこちらを選択する」という決断を自分で下すのである。これが実存的な決断というものです。
　サルトルは自分の立場を「実存主義」と呼んでいて、それは決して人間中心主義という意味でのヒューマニズムを否定するものではない、と論じています。実存という日本語は「現実存在（エグジステンス）」という言葉を略したもので、現にある具体的な状況を優先して考える、という思想です。サルトルは「実存は本質に先立つ」というモットーで、この思想を要約しています。人間にとって人間らしいありかた、つまり誰もがそれに従わなければならない本質的なありかたというものは、本当にあるのだろうか。わたしたちが行わなければならない行動規範やルールが、もしも神や理性によって本当に定められているのであれば、それこそがわたしたちの示すべき人間性の本質だということになるでしょう。

自由な決断

　しかし、サルトルはそのような本質はあらかじめ定められているのではなくて、わたしたちが自分の行為を自分の責任で決定していくことで、各人が各人の生き方を選んでいくのだと言います。なぜ、わたしたちは自分自身の行為決定を自分でしなければならないのか。それは、わたしたちが根本的に「自由な」存在者だからです。外の公園に立っている樹木は、それ自身がその存在の意味について疑問をもつことのないような、端的にそこにあるような存在者、「即自存在」です。ところが、その樹木を見ているわたしは、わたしの世界を考察し、その世界の別のありようをも考えたり、想像したりする存在者です。わたしはこのように現実の自分の世界の別の可能性をも考える自由をもつのですが、それは同時に、わたしが「自分の」世界のあるべき姿を考えるという意味で、いつも自分自身の存在の意味を考えている存在者だ、ということになります。その意味で、わたしは樹木とは異なって、即自存在ではなく、「対自存在」なのです。

　対自存在は自分の世界を反省し、その価値を考え直し、自分だけの価値基準に従って行動を決定するという自由があります。わたしたちは他の人の意見がどうであれ、自分の母親を助けるべきか、それとも、人びとの抵抗運動に加わってフランスを解放へと向かわせるのか、決断する権利、決断する自由があるのです。もちろん、しかし、これはとても重い決断です。わたしたちは自分の行為の決定において、常に非常に孤独であり、自分の責任ということをしっかりと直視する必要がある、とサルトルは言います。彼にとっては、それこそがわたしたちの信じるべき人間中心主義なのです。はたしてわたしたちはこうした実存主義にどれだけの共感を抱くことができるでしょうか。みなさんでお互いに話しあってもよいと思います。

3　徳のある生活とは何か

共同体優先の思想

サルトルは個人が自分の自由な意志で、自分に固有の価値判断をする権利がある、あるいはむしろそうする義務があると言っています。しかし、わたしたちは本当にそのような孤立した、原子的な、一個一個の個人なのでしょうか。むしろ、わたしたちは個人である前に、自分が属する社会や共同体のメンバーであることに、重要な意味があるという考え方もできるでしょう。このような基本的な発想からする現代の倫理思想として、「コミュニタリアニズム」という立場があります。コミュニタリアニズムという言葉は少し複雑ですが、要するに「コミュニティ（共同体）」を優先して人間を考えるという立場だということです。

マッキンタイアー

この立場は、これまで見てきた実存主義とは対立していますが、それだけでなく、それより前の功利主義やカント的義務論とも対立しています。というのも、ミルの功利主義でもカントの義務論でも、道徳的判断や行為の主体はあくまでも自立した個人であったのにたいして、この思想では個人の自立ということの前に、社会におけるメンバーであることを、わたしたち人間の本質的特徴であり、生活の条件であると考えるからです。

テイラー

コミュニタリアニズムは1980年ころからアメリカやカナダなどで多くの思想家によって唱えられるようになった道徳論でありますが、その代表的な思想家としては、アメリカのマッキンタイアー（1929-　）やサンデル（1953-　）、カナダのテイラー（1931-　）などがいます。これらの思想家は、わたしたちが自分の存在

の最も軸となる性格をどのように考えているか、つまり、われわれは自分の「アイデンティティー」をどのようなかたちで把握しているのか、というところから出発します。わたしたちは自分のアイデンティティーを、群衆のなかの原子的で孤独な個人としてとらえているのか、それとも何らかの具体的な共同体に属するメンバーの1人として考えているのか。アメリカやカナダの思想家たちがこうした問題意識を持った理由は、いうまでもなく、今日の社会がさまざまな価値や信条の多元性を容認し、多種多様な人種、多種多様な世界観をもった人びとの共存を目指す社会だということにあるでしょう。

アイデンティティーの重視

例えば、ある大きな社会のなかで生活している、マイノリティー・グループというものを考えてみます。カナダは基本的に英語を母語とする社会ですが、ケベック州のようにフランス語を母語とし、フランス流の文化を保存しようとする人びとの共同体もあります。ケベック州の人びとはカナダ全体からするとマイノリティーですが、そのメンバーにとっては、自分たちの属するフランス系の文化こそ、自分のアイデンティティーの軸を作るものであり、ケベック人であるという性質を除いては、自分らしさ、わたしの私性はほとんどない、という考えをもつかもしれません。つまり、個人のアイデンティティーが、完全に個別的で、孤独な1人のものではなく、ある集団、ある社会伝統、ある言語共同体に即して考えられるということは十分にありうるのです。

この共同体を基軸とした自分らしさという発想は、実際には先に見たサルトルの実存主義の思想でも、その背景に強く働いていたことが、少し考えてみると分かるでしょう。確かにサルトルの友人は、母を助けるか、それとも占領軍のドイツに抵抗するレジスタンス運動に加わるかを、まったくの個人的選択として引き受けるわけですが、これらの選択肢がまさに選択肢として考えられるためには、まず、自分が1つの母子家庭に属すること、あるいは占領されたフランスの市民であること、という共同体的意識を前提にしなければならなかったはずです。その意味で、実存的な選択や決断が可能になるためにも、まず、

共同体との自己同一化という作業が必要だ、という発想もありうるのです。

さて、コミュニタリアニズムの道徳論では、共同体の一員としての個人という考えが基礎をなすわけですので、人間の行動の価値ということも共同体における価値、というかなりはっきりとした限定をもつことになります。西洋の近代を出発点とする個人主義的な人間観では、個別的な個人が集まって、互いに正義や公正を求める場合に、いかなる原理や基準が働かなければならないか、ということが問題になりました。自由、平等、博愛ということは、自立的で自律的な個人が互いに協力して求めるべき価値の原理です。これは、人びとが自由な仕方でその生を追求するときに、社会からの抑圧を排除し、集合的な力によって個人の権利が侵害されてはならない、という思想です。そこでは、正義とは基本的に、個人の権限の侵犯の禁止ということに帰着します。

有徳な人

しかし、個人がばらばらに自己を主張するのでなく、共同体の内なるメンバーというアイデンティティーを重要なものとみなし、この自己イメージを保存、発展させるべきだと考えるコミュニタリアニズムの道徳論では、正義や公正よりももっと重視されるべき価値——つまり善なるもの——があります。それは、具体的な個々の社会にとって、その社会に固有な繁栄や豊かさへと積極的に寄与するという意味での善です。人びとはこうした善をより多く身に着けているかぎり、その共同体における善き人であり、反対にこうした善にそむくような態度、習慣の人は、悪い人ということになります。

共同体における善き人、それは「有徳の人」、さまざまな美徳を備えている人であり、反対に望ましくない人間は「悪徳の人」、つまり、いろいろな事情からさまざまな悪い習慣に染まっている人です。何がその社会にとって美徳であり、何が悪徳であるかは、普遍的な理性的原理によって定まっているのではなく、まさしくその社会の歴史的・文化的な特徴や特性によって決まります。西洋近代以来の普遍的な道徳の原理という発想は、それぞれの共同体に特有な文化的差異や歴史的特異性を無視しているという意味で、いわば理性の暴力と

もいうべき側面をもっています。言い換えれば、普遍的な道徳的正義という発想は、人びとが実際に生活している世界における、価値の多元性や地域性に目をつむるという危険性をもつのです。

グローバルな現代社会

こうした価値多元的な発想について、みなさんはどのように考えられるでしょうか。わたしたちのグローバルな現代社会は、まさしく多様な価値、さまざまな習俗や伝統、多くの宗教が共存していて、その間には無数の差別や、抑圧、紛争の危険も含まれている世界です。コミュニタリアニズムの道徳論はこうした現代の世界の価値論として、1つの説得力のある見方であると思われますが、そこには問題点もあるでしょう。いかなるグループも自分の集団の価値に固執するようになるとき、そこにより大きな世界との調和の可能性は開かれているのかどうか。個々の共同体が強固な実体として機能するようになると、その共同体にたいして強い自己同一化のできない人はどのような態度をとったらよいのか。極端な文化相対主義は、西洋近代型の個人主義と普遍主義よりもさらに激しい社会的混乱を呼び込み、誰にとっても幸せでないような文化的貧困化を招くのではなかろうか——問題はいろいろあるようです。以下にあげる参考資料などを読んで、みなさんが自分らしい回答を考えてくれるよう望みます。

演習問題

1) 功利主義にたいしてあなたは賛成ですか、反対ですか。
2) 実存主義に魅力を感じるでしょうか。感じるとしたらどんなところですか。
3) マイノリティーの文化を守れ、という思想があります。あなたはこの思想に賛成ですか、反対ですか。

関連文献
サルトル, J. P.［1996］『実存主義とは何か』（伊吹武彦他訳）、人文書院。
サンデル, M.［2011］『これからの「正義」の話をしよう いまを生き延びるための哲学』（鬼澤忍訳）、ハヤカワ・ノンフィクション文庫。

テイラー,Ch.他編［2011］『多文化社会ケベックの挑戦　文化的差異に関する調和の実践　ブシャール＝テイラー報告』（竹中豊他訳）、明石書店。

第Ⅱ部　発展編ワールド
哲学の諸問題

第9章　宗教と哲学
哲学者たちは宗教をどう論じてきたか

はじめに──世俗主義の時代

　現代は、さまざまな異なる人種・宗教・言語・伝統が並存する、「多文化共生」の時代であるといわれます。また、「世俗主義」の時代であるともいわれます。すなわち、西欧・北米を中心とする先進諸国では、社会やその制度が、宗教と結びつけられていない、あるいはその影響を受けないようにされているといった意味で、「世俗的」と形容されうる時代が迎えられています。実際、以上の諸国では、形態や程度はひじょうに多様ではありますが、「政教分離」──政府と宗教集団は互いに対して干渉・介入してはならないという原則──が確保され、「信教の自由」──どんな宗教を信じるか、あるいはそもそも宗教を信じるか信じないかは各人の判断次第であること──が保障されています。
　では、もし以上のように現代が世俗的と形容されうる時代であるとすると、はたしてどのような過程を経てそのような時代は迎えられることになったのでしょうか。また、その過程の中で、宗教がもつ意義や真実性は、哲学の立場からは、どのようなものであると考えられてきたのでしょうか。以下では、世俗主義の歴史において画期的な出来事とされる「啓蒙思想（啓蒙主義）」が出現した西欧近代にまでさかのぼり、現代に至るまでの間に、宗教をめぐるどのような問題が、哲学的な議論の大きな焦点となってきたのかを、簡単にですが見ることにしたいと思います。

1 啓蒙思想あるいは科学と宗教——近代

啓蒙思想と宗教

　17世紀も半ばをすぎたころから18世紀後半にかけて、つまり近代も後半になると、西欧は政治的な意味での革命の時代を迎えます。有名な、イギリス「名誉革命」(1688-1689年) と「フランス革命」(1789-1799年) は、この時期に起こりました（北米も視野に入れるのであれば、「アメリカ独立革命」(1775-1783年) も同様です）。

　フランスでは、「朕は国家なり」といったとされるルイ14世 (1638-1715) のような強力な王を頂点とする統治体制、つまり「絶対王政」が、この革命が起こるまで続いていました。イギリスでは、名誉革命が起こるころには、一時は途絶えていたこの王政の復活に努める王が出現していました。

　しかし、どちらの国においても、支配される側にいた多数の人びとが、その現状に極度の不満を抱き、王から権力を奪って政治体制を一変させました。名誉革命では、王政復古を狙った王が亡命し、別の人物が新しく王位に就きましたが、王ではなく議会が最高の主権者となる政治体制（「王は君臨すれども統治せず」の表現で有名な立憲王政）が確立されました。フランス革命では、男性普通選挙による国民公会が成立し、王政は廃止され、共和政が樹立されました。その直後には、国王ルイ16世 (1754-1793) が王妃マリー・アントワネット (1755-1793) と相前後して処刑されました。

　ところで、イギリスとフランスにおける以上のような政治的な革命は、18世紀西欧においてひじょうに大きな思潮となっていた「啓蒙思想」から、極めて深い影響を受けました。

　啓蒙思想とは何でしょうか。それは理性や合理的な知を重んじ、宗教（キリスト教）や伝統的な権威に対して批判的であることを特色とする思想運動のことです。もちろん一口に「啓蒙思想家」といっても多数の人物がそう呼ばれており、彼らには思想上、相違するところもあります。しかし、以前から人びと

を従わせてきたものごとを、理性の光に照らして吟味し、それがうつろなものにすぎなかったり根拠のないものであったりすることを暴露する、という点では彼らは共通しています。

イギリスのロック (1632-1704) とフランスのルソー (1712-1778) は、その代表的な人物です。彼らはそれぞれ、「王権神授説」と呼ばれる、絶対王政を擁護する思想を批判しました。この思想によれば、王はその権力を神から授かっており、みずからの行動にかんする責任は、神によってのみ問われます。その責任は、議会・領主・人民を含む地上の何ものによっても問われえないのです。例えば、ロックの論敵に当たる人物は、キリスト教の『聖書』「創世記」を解釈しながら、次のように主張しました。すなわち、神は最初の人間アダムに、全世界と全人類への支配権をあたえた。その支配権は、アダムの直系の子孫に代々、相続されてきた。王はその子孫であり、その支配権の継承者である、と主張しました。

またロックは、不正な権力に対しては武器をとって抵抗する権利が人民にあること(「抵抗権」)を、ルソーは、人民1人ひとりが国の主人であること(「人民主権論」)をそれぞれ主張してもいました。彼らはこうして、名誉革命とフランス革命を理論的に支えることになりました(ロックの思想的な影響は、さらにアメリカ独立革命にまで及ぶことになりました)。

科学と宗教

以上に見てきたように、フランスとイギリスでは、王権をキリスト教に依拠して正当化する王権神授説と呼ばれる思想が、啓蒙思想家たちによって斥けられ、やがて姿を消すことになりました。これは、宗教からの独立が政治に求められるという意味では、現代にまで続く世俗主義の最も具体的なあらわれの1つであるということができます。

しかしそれにしても18世紀西欧において、啓蒙思想という、宗教や伝統よりも合理的な知や理性を重んじる思想運動が、なぜひじょうに大きな思潮となっていたのでしょうか。それは、17世紀西欧において世界観が根本的に転換

したこと（「科学革命」）と大いに関連があります。

そもそも、それ以前の主流の世界観は、どのようなものだったのでしょうか。それは、古代ギリシアにまでさかのぼれるアリストテレス的な世界観であり、キリスト教（カトリック教会）によって公然と認められていたこともあって、長い間、支配的な地位を占めていました。すなわち、地球は宇宙の中心に位置しており、太陽を含む他の諸天体は地球のまわりを回転する（「天動説（地球中心説）」）。また自然界に存在するものの運動・変化はどれも、何らかの目的を実現するべく引き起こされる、とされていました。例えば、植物が葉を繁らすのは、その果実を覆い守ることを目的としてのことであり、また根を上方ではなく下方に伸ばすのは、養分を摂ることを目的としてのことであるとされていたのです（「目的論的自然観」）。

ガリレイ

ところが17世紀になり、観察と実験、それにそれらにもとづく数学的な分析が行われるようになると、以上のような従来の世界観とはまったく異なる新しい科学的な世界観が、誰の目にも揺るぎない真実であると映るようになっていきました。すなわち、宇宙の中心にあるのは太陽であり、地球を含む他の諸天体が太陽のまわりを回転する（「地動説（太陽中心説）」）。また自然界に見いだされる運動・変化は全て、目的ではなく、自然法則、望ましくは数学的な法則に従って引き起こされる。自然は、この法則のもとで動く極めて大規模な機械装置・時計である、と考えられるようになったのです（「機械論的自然観」）。実際ガリレイ（1564-1642）は、望遠鏡を使った天体観測によって地動説の動かぬ証拠を、また落下運動の実験によって「落体の法則」を、それぞれ発見していました。

以上のような新しい科学的な世界観は、確かに、17世紀西欧において、カトリック教会から公認されなかっただけでなく、その教えと矛盾するとみなさ

れ、弾圧されさえしました（実際聖職者たちや神学者たちの中でも、天文学に関心のない保守的な者たちは、『聖書』の、字義通りには天動説と一致すると解釈できる記述を持ち出し、以上のように天動説に反対し地動説に賛成するガリレイを、異端の疑いのある者として非難しました。ガリレイが「宗教裁判」を受けることになったゆえんです）。しかし、この圧力に屈せず、この新しい世界観を揺るぎない真実として確立するための努力がたえず払い続けられました。そこから、理性や合理性を重んじ、宗教や伝統的な権威を批判する思想運動、つまり啓蒙思想が、18世紀西欧においては、極めて大きな思潮としてあらわれることになっていったのです。

ニュートン、ヒューム、カントにおける理性と信仰の関係

では、西欧において、17世紀から18世紀にかけて、以上のようにして、キリスト教的でもあった、王権神授説のような政治的学説が、また天動説や目的論的自然観のような世界観が、それぞれ否定されるようになったことは、キリスト教そのものが否定されることでもあったのでしょうか。新しい科学的な世界観が成立し、啓蒙思想が有力となっていったことは、同時に、キリスト教を無価値なもの、廃棄されるべきものとすることでもあったのでしょうか。時代思潮が、世俗化・脱宗教化の方向に進んだのは確かです。しかし、少なくとも哲学的な反省の次元においては、直接的にはそのような否定・廃棄の方向には進みませんでした。むしろ、科学を可能にする人間の理性的営みと、宗教的信仰のような人間の他の精神的活動の関係を問い直す方向へと進むことになりました。両者の関係を再考することが、同時代の哲学における重要なテーマとなったのです。以下では、この再考が進んだ最も太い道筋を、思い切って三つの段階にまとめてみることにします。

第一段階は、17世紀の科学者——厳密に当時の言葉づかいでいえば自然哲学者——ニュートン（1642-1727）が試みたように、直接には啓示によらず、ただ理性のみにもとづいて神の存在が証明されると考えられた、神学的な段階です（「自然神学」の段階）。第二段階は、18世紀の哲学者ヒューム（1711-1776）が、以上のような自然神学を入念に検討し、鋭い疑問を投げかけた、哲学的な段階

です（反自然神学の段階）。第三段階は、ヒュームの同時代人の哲学者カント（1724-1804）が、自然神学に対する以上のような疑問を、一定の意義のあるものとして評価しながらも、しかし宗教的信仰を、それとは別の次元で承認しようとした、宗教と哲学が架橋される段階です。

　最初の段階（「自然神学」の段階）から見ていきましょう。ニュートンの代表作の１つは、『自然哲学の数学的諸原理』（1687年）、いわゆる『プリンキピア』です。彼は同書において、宇宙全体を支配する力学の体系を構築しました。すなわち、地上の世界に見られる物体の運動だけでなく、天上の世界に見られる惑星や彗星の運動もまた、運動の三法則（「慣性の法則」「運動方程式」「作用・反作用の法則」）によって、統合的にとらえられるものであり、実際にこの三法則に従って規則正しく決まった仕方で行われる、ということを彼はひじょうに明確にしました。これはもちろん自然を、精巧な時計のようにたいへん精密で調和に満ちた機械として見る機械論的自然観の表明ですが、ガリレイの学問的業績をもふまえているという意味では、その自然観の完成を告げるものであると評価できるでしょう。
　では、ニュートンは、この世界を、ただ自然法則によって支配されているだけの、何の神秘も宿さないものとして理解していたのでしょうか。そうではありません。彼は、自然の中に隠されている以上のような精密さを、不思議に思えるかもしれませんが、単なる偶然の産物とはせず、神の知性の産物であるとしました。
　確かに、物体の運動はどのように行われるのか、惑星の軌道はどのように描かれるのか、という問いそのものには、自然法則によって、ひじょうに合理的に答えられます。その運動や軌道は、数学的にひじょうに美しく表現されることでしょう。しかしながら、自然法則そのものをつくり出した原因は何か、自然法則の存在を維持している原因は何か、と問われればどうでしょうか。宇宙は極めて大掛かりな機械装置であるとしても、それは、まったくの偶然によって産み出されたものであると見ることはもちろん、人間によってつくり出され

た機械であると見ることもできないくらい、ひじょうに精妙な仕組みを具える、驚嘆に値するものではないでしょうか。ニュートンは、ここに人間や自然法則を超える神的存在を感じ取り、その恵み深い働きかけを見て取ることによって、この問いに答えようとしたのです。実際『プリンキピア』の「一般注」には、太陽と惑星それに彗星の極めて美しい体系は、全知全能の存在の計画と支配から生まれるという記述があります。また彼の重要著作『光学』(1704年)の「疑問」にも、この神にかんする記述があり、そこでは、自然哲学の主要な任務が、現象から議論を進め、決して機械論的でない第一原因の存在に到達することであるとされます。

　直接には啓示によらず、人間が生まれながらに具える理性を働かせ、世界を自力で吟味することによって神の存在を証明することができるという考え方は、一般に「自然神学」と呼ばれます。この考え方そのものは、中世のスコラ学者たちに見られる従来からのものですが、ニュートンと彼の同時代の進歩的な科学者たちは、独自の新しい科学的知見にもとづいて、この考え方を継承・発展させることで、存在の神秘を理解できるとしました。新しい科学的な世界観の成立は、彼らにとって、従来の世界観に固執する教会のような権威に対する挑戦ではあったかもしれません。しかし、その成立は、キリスト教の信仰対象である神そのものの存在の否定や神に対する挑戦ではありませんでした。自然のいちばん奥深いところに神がその造り主としていて働いている、ということを思い起こすことにつながったのです。

　しかし、以上のような自然神学的な考え方は、その後、鋭い批判にさらされます。その批判者は、ヒュームです。確かに彼は、ニュートンから自然哲学にかんする強い影響を受けてはいます。けれども、その延長線上に神がいることは、ニュートンによってみなされているほど確実であるとは、とうてい考えられないことを、ヒュームははっきりさせました。ここに、理性と信仰の関係を再考する第二の段階（反自然神学的な哲学的段階）が認められます。

　では、ヒュームは、以上のような主張をどのようにして行っているのでしょ

うか。そもそも彼が哲学上の主著『人間本性論』(1739-1740年)で論じるところでは、新しい科学的な知見は、「実験的な推論法」と呼ばれる方法が、自然界の問題に適用されることによってもたらされます。実験的な推論法とは、ただ経験と観察、それに実験のみに依拠することによって、自然界の多様な事象を引き起こすさまざまな原因を推理し、学問体系を確立・運営していく方法です。この方法が、真理探究上どれ

ヒューム

ほど強力であるかは、ニュートンのような科学者のあげた研究成果の豊かさを思い起こせば、ただちに理解できるでしょう。そしてヒュームは、この方法を、自然界の問題にだけでなく、人間の精神的な営みにかんする問題にも適用しようとします。ここからは、ニュートンのような科学者の、ヒュームに対する影響力の深さがうかがわれます。

　しかし、ヒュームは、宗教論にかんしては、ニュートンと袂を分かつことになります。実際『自然宗教にかんする対話』(1779年)は、ヒュームの宗教思想を知る上で不可欠の著作ですが、彼は同書の中で、ニュートンであれば肯定するだろうタイプの、自然神学的な、神の存在証明(「デザイン論証」)を提示し、厳しく批判します(当時、彼がこのような宗教批判をしていることが公になれば、彼は聖職者たちや神学者たちから強い非難を浴びるおそれがありました。そこで彼は、同書を生前には出版せず、死後、出版するように遺言しました)。では、彼はこの「自然神学的証明」のどこを問題視するのでしょうか。

　ヒュームが提起する問題の1つは、この証明が、「類比(アナロジー)にもとづく推論」の規則に従って進められることです。この規則は、相互に類似する結果が生じれば、その原因もまた相互に類似する、という形式を取ります。そして、この証明では、この規則に従って、宇宙全体が1つの大掛かりな機械にたとえられるのであれば、前者の後者への類似性にもとづいて、機械と同様に、宇宙にもその設計者(デザイナー)・作者が存在することになる、これが神である、とされるのです。ところで、この規則は、例えば、家が見えれば、その建

築家がいることが極めて確実なこととして知られる場合のように、事例の類似性が正確な場合に適用できます。しかし、宇宙と家は、何らかの意味では類似するかもしれませんが、正確に類似するとはとてもいえないでしょう。自然神学的証明は、一見、この規則に従っているかのようです。しかし実際には、この規則を適用できる範囲を不当に越えてしまっているので無効である、とヒュームはいうのです。

　また彼によれば、この証明は、部分にしか当てはまらないことを、全体に当てはめてしまっている、という点でも問題です。この証明においては、宇宙全体は大きな機械であり、その無数の諸部分もまたそれぞれに小さな機械であるとみなされます。ところが、人間に知られるのは、宇宙全体のごく一部分にすぎません。その一部分は、確かに機械にたとえられるようなものであるかもしれません。しかし、その一部分についての知識から出発して宇宙全体についての結論を引き出すのは間違いです。ヒュームがいうように、人間の一本の毛の成長観察から、人間全体の発生にかんする知識を得ることはできません。

　以上のような次第で、ヒュームは、実験的な推論法を採用する上では、ニュートンのような科学者から深く影響されています。しかしながら、宗教論にかんしては、ニュートンと同じ道を歩むことを少なくとも控えている（見方によっては拒否している）ことになります。自然神学的証明は、ニュートンにとってはたいへん魅力あるものでしたが、ヒュームにとっては根拠のかなり薄いものだったのです。

　ヒュームは、以上に見てきたように、哲学的な鋭い批判を自然神学に向けたわけですが、その向き先はこれに限られません。彼はその批判を、本章では触れられませんが、認識論上のさまざまな問題にも向けました。彼は西欧近代を代表する偉大な懐疑論者であったといえるでしょう。そして、彼の懐疑論に強い衝撃を受けつつ、その克服を目指したのが、カントです。彼は、ヒュームの思想に対してさまざまな観点から批判を加えていますが、今注目したいのは、ヒュームによる宗教批判に対してカントが企てたその再批判です。

第9章 宗教と哲学 哲学者たちは宗教をどう論じてきたか 121

カントの会食風景

　確かに、ニュートンのような科学者が承認するだろう「自然神学的証明」を、カントはヒュームとともに斥けます。しかし、カントは、その証明の対象となる神の存在を信じることを、ヒュームのようにさし控えようとも、否定しようともしません。むしろ人間が道徳的に善く生きようとする限り、神の存在を信じることは正しく、肯定できることであると考えます。信仰と理性の関係についての、カントの以上のような発想は、ひじょうに斬新なものです。ここに、哲学と宗教の関係が新しくとらえ直される第三の段階が認められます。

　では、カントは以上のような発想をどのようにして打ち立てたのでしょうか。彼は、おおよそ以下のように論じます。

　そもそもカントによれば、理性が力を発揮する領域は、理論的な領域と実践的な領域の２つに大別されます。実際、理性は、後者の領域においては、行われるべき道徳的な善を、前者の領域においては、自然現象の原因をそれぞれ求めます。そして、自然神学的証明に対するヒュームによる批判が正しいとすれば、それは、この前者の領域、すなわち「理論理性」の議論の範囲内においてのことです。彼のその批判が強力なのは確かですが、その領域を超えて、後者の領域、つまり「実践理性」の議論の領域に及ぶことはありません。カントは、ここに、人間が神の存在を信じることの合理性を見ようとします。彼は、確かに人間が神の存在を理論的に証明し、その存在を知識として所有できるようになることを断念します。しかし、その存在を信じることは、それとは別の、実

践、つまり道徳の次元においては理性的でありうるとするのです。

　さらにカントによれば、行為には善悪があり、この善悪を定める道徳的な基準（「道徳法則」）が存在します。ところが、人間が道徳的に善く生きようとこの道徳法則に従い、善行を積み重ねても、他方で希求してやまない幸福に到達できるかどうかは定かではありません。道徳法則は幸福の獲得法ではありません。ですから、正直者がたいへんな損をして、ひじょうに貧しい生活を送る、というような事態が起こる可能性さえあります。しかし、その人がたとえそのような境遇に陥ったとしても、その人が幸福を受けるに値する人物であるのは間違いないでしょう。しかも、その人のように道徳的に善く生きる人が現実に幸福になれるように配慮する者、つまり神が存在して欲しい、という希望を抱くことは、誰にとっても極めて自然なことでしょう。カントは、そこで、以上のような神が存在することが実践的には認められるとします（神の存在の「要請」）。すなわち、人間が道徳的に善く生きるという条件が満たされるのであれば、その根本的な前提として、神の存在が要請され、人間がその存在を信じることの筋道が立つことになる、と彼はいうのです。

　以上のようにしてカントは、ニュートンのような科学者や、中世のスコラ学者によって試みられたような自然神学的証明が無効であることを宣言し、改めて神の存在が別の領域では重要な意味をもつものであることを明らかにしました。彼は、その信仰を人間の内面の疑いようのない真実として何とか尊重しようとしたのです。彼は『純粋理性批判』第2版（1787年）の序文で、「わたしは信仰に場所を得させるために知識を放棄しなければならなかった」と述べていますが、彼のこの言葉は以上のような文脈において理解できるものでしょう。彼の以上のような姿勢は、宗教についての哲学的な思索をめぐらす後代の人びとに受け継がれていきます。「内面の真実としての信仰」が、1つの大きな哲学的テーマとなっていきました。

2 主体的・内面的な宗教思想——近代から現代へ

　以上に見てきたように西欧は、17世紀の科学革命を経て、18世紀という啓蒙思想の世紀を迎えました。すなわち、神の存在のような、信仰の対象となりうる事柄が知的・哲学的に論証できると考えられた時代から、それが可能であるとは考えられづらくなった時代へと大きく転換することになりました。宗教や信仰が社会に対する影響力を弱め、社会やその制度と結びつけられなくなる、世俗的な時代のはじまりです。

　ところで、ここに見られるような、宗教をめぐる知が迎えた危機を背景に登場し、それでもなお宗教と哲学を架橋しようと試みたのが、やはり以上に見てきたカントでした。以下では、まず、今日に至るまでの世俗化という社会傾向を背景にして、宗教がもつ真理性や意義を考える場合に、カントのこの「宗教哲学」が、重要な役割を果たすだろうことを指摘します。その後、主体性・内面性を強く意識する宗教思想の潮流に棹さす、キルケゴール（1813-1855）とジェイムズ（1842-1910）それぞれの宗教論を紹介することにします。この2つの宗教論は、カントのその哲学を直接に継承するものではありません。しかし、それらが属するこの潮流そのものは、その哲学を主要な源泉の1つとするとはいえるだろうものなのです。

「個人主義」の源としてのカントの思想

　時代が世俗的なものとなり、宗教が社会やその制度と結びつけられなくなっても、それは個人のものとして、心のいっそう奥深いところで内面的に真剣に受け止められることが可能です。実際、現代の西欧・北米を中心とする世俗的な世界では、神はいないと主張されることもあれば（無神論）、神がいるかいないかは人間には知られえないと主張されることもありますが（不可知論）、同様に、個人個人が、自分自身の内的な良心や選択にもとづいて自分自身の責任で、つまり主体性・内面性を重んじて、何らかの宗教的信仰を表明し、その信

仰活動を実践するということも大いにありえます。そしてその信仰は、伝統的なキリスト教に対する信仰もあれば、非キリスト教的な伝統宗教や、成立年代の比較的新しい宗教（「新宗教運動」）に対する信仰もあり、ひじょうに多種多様です。宗教がもつ真実性や意義は、かつては、教会・教団の伝統的な教えや、『聖書』のような聖典とされてきた文書を基準として、それらに依拠して理解されてきましたが、現代における新宗教運動の興隆を見ると、今では、その真実性や意義は、必ずしもそれらにもとづいては理解されません。むしろ、個人の良心や決断によってこそ保証されるものであると理解される必要さえあります。

　ところで、以上のような宗教や信仰に見られる「個人主義」的な発想、あるいは主体的・内面的な宗教思想の源を考えるとき、その主要な源泉の1つとして外せないのが、カントの宗教哲学です。少しだけ振り返っておけば、彼が、彼自身の哲学の根底にある実践理性という考え方から積極的に論じようとしたのは、次のことでした。すなわち、道徳的な善に関わるこの理性は、さしあたり宗教を論題としない。しかし、この考え方からは、神の存在への要請、つまりその宗教的信仰の正当性が理解されることになる、ということでした。ところで、今注目したいのは、カントによれば、何が行われるべき善であるかの判定を下し、それが実際に行われるように命じるのは、やはり実践理性ですが、この理性による決定は、他律的ではなく、自律的でなければならない、ということです。分かりやすくいい換えれば、自分の心の外側に存在する、神や国家のような権威ある他者に従ってとか、名声や金銭のようなものに動機づけられてとかいうのではなく、あくまでも自分の心の内側に存在する、道徳法則だけを基準として尊重し、それに従って善悪の決定は行われなければならない、ということになります。以上のようにひじょうに厳格な側面のある「自律」の考え方は、カントにとって、宗教的信仰の正当性が理解されるゆえんとなるものであるのはもちろんです。しかし、それだけでなく、個人の主体性・内面性をたいへん重視するものとして、明らかに、個人主義を、すなわち、個人は、国家や社会を含む、自分以外の他のどんなものによっても支配されるべきでなく、

自分自身で考えたり行動したりする権利をもつべきであるという思想を、最も力強く表現する、その源となるような考え方でもあるのです。

したがって、世俗的な時代の宗教が個人化の進んだものであるともいえるのであれば、以上のような宗教哲学を打ち立てたカントは、その主体的・内面的な宗教思潮の元祖の1人として評価されるに値するといえるでしょう。

ところで、カント哲学の直接の継承者ではありませんが、やはり個人にとっての宗教の意義を主体的に問いつつ、個人の内面を掘り下げる、つまりその思潮に属する哲学者が、キルケゴールとジェイムズです。後者は「二度生まれ」と呼ばれる個人の宗教体験に注目して、前者は「宗教的実存」と呼ばれる人間のありかたの重要性を強調して、それぞれ独自の仕方で、主体的・内面的な宗教論を展開します。キルケゴールの宗教論から見ることにしましょう。

キルケゴールの「宗教的実存」

キルケゴールは、最初の「実存主義者」と呼ばれることのある人物ですが、それは、彼が「実存」と訳される言葉に、ひじょうに印象的な意味をもたせた最初の人物であるとみなされるからです。その意味とは、主体的・情熱的に生き、自分自身のありかたを自分自身の責任で自己決定していく存在、というような意味です。実際彼は、体系的な学問や、誰によっても共通の理解に到達されうるような客観的真理の立場に対して強く反発し、「わたしにとって真理であるような真理」（「主体的真理」）、「わたしがそれのために生き、そして死ぬことを願うようなイデー（理念）」を発見することこそが肝要であるといいます。

ところで、キルケゴール個人にとって、情熱を燃やせるこの主体的真理は、具体的には何であったのでしょうか。それは、世俗的な義務でもなければ立身出世でもありません。それは、自己の内面的な信仰の真実でした。実際彼の目からすれば、彼自身が生きた当時のデンマークのキリスト教教会やその神学は、形式的・論理的には整っていても、信仰の内的生命を失っていました。そこで彼は、激しい教会批判を繰り広げることにはなりましたが、神の前にただ1人

イサク献供の物語
(「創世記」第22章)

で立ち、その真実を貫くことを目指しました(「宗教的実存」)。

例えば、アダムが神に背いたことによって、彼の子孫である人間はみな、生まれながらに罪を負うという「原罪」の教えや、ナザレのイエスは人間を罪から解放する「救い主(キリスト)」であるという教え、それにイエス・キリストは神でありながら肉を取り人間として生まれたという「受肉」の教えは、キリスト教の根本的な教えではありますが、客観的に確実なものであるようにはとても見えません。しかし、キルケゴールはその不確実性に直面しながらも、内面においてその教えをそのまま真実として受け止め、その教えに主体的に情熱的に関与する生き方を選んだのです。

ところで、彼が、以上のような宗教的実存の典型例を提示する著作の１つに、『おそれとおののき』(1843年)があります。彼は同書の中で、『聖書』「創世記」のある物語を解釈し、イスラエル民族の始祖アブラハムを「信仰の騎士」として讃える議論を展開します。すなわち、人を殺してはならないという倫理的義務は、いつでも誰によっても遵守されるべき普遍的なものである。ところが、アブラハムのように、その義務とは正反対のことではあるが、彼の子イサクを焼き尽くす献げ物とせよと、神によって命じられる場合には、いっそう高い宗教的な目的の見地から、その義務は一時的にその効力を失う(「目的論的停止」)。子をそのような生贄として献げることが是認される道が開かれることになる。アブラハムは、この逆説を、信仰の情熱によって主体的に選び取っている、とキルケゴールは見るのです。

彼は、以上のような宗教的実存を論じるに当たり、彼の父親が彼の出生以前に神を呪う体験をしたことや、彼自身がある女性と交わしていた婚約を一方的

に破棄してしまったことからくる、深い罪の意識をもその背景としています。彼は、内面的な苦悩を経験することを通して、真のキリスト者になることを彼自身の実存の問題として引き受け、宗教を主体的真理とする実存の思想を打ち立てることになったのです。

ジェイムズの「二度生まれ」

　次に、やはり主体的・内面的な宗教論と評価されうる、ジェイムズの宗教思想を見ることにしましょう。彼は、「プラグマティズム」の創始者の1人として知られる、ひじょうにユニークな哲学者です。彼のこの哲学的立場は、ごく簡単にいえば、動的・生命的な経験を原理にして、真理や価値を明らかにしようとするものであり、それは、科学的探究の議論においてだけでなく、宗教の核心を理解しようとする場合にも活用されます。『宗教的経験の諸相』（1902年）は、宗教の領域でのその適用例として、最も広く読まれてきた彼の主著の1つです。同書において彼は、何よりもまず宗教は個人的な体験であると前提するところから出発して、膨大な数に上る宗教的天才たちのさまざまな個人的宗教体験の内容を検討し、それを個人の内面における救済をもたらすものとして評価しようとしています。彼は、「わたしにとって宗教とは何か」という主体的な問いを背景としながら、宗教体験について深く独自な理解を示そうとしているといってよいでしょう。

　では、ジェイムズは、個人の宗教体験の吟味を、より具体的にはどのように進めるのでしょうか。彼はまず、宗教的な生活を送る人びとを、「健やかな心」の持ち主と「病める魂」の持ち主という2つのタイプに大別します。前者は、喜び・楽観性を特徴とする人で、人生を歩むことがあまり苦にならない、むしろ希望に満ちたものであると感じずにはいられない、幸福な意識の持ち主です。後者は、反対に、悲しみ・自己否定的な感情を特徴とする人で、人生にもたらされるのは、苦や欠乏、悪や災いでしかないと考えずにはいられない、暗い意識の持ち主です。

　ところで、ジェイムズによれば、健やかな心の持ち主よりも、病める魂の持

ジェイムズ

ち主の方が、いっそう深い洞察力を具えます。すなわち、後者は世界を、ひじょうに縁遠くよそよそしいもの、不吉で気味悪いものとしてとらえてしまい、深刻な憂鬱感に襲われます。単に世界を無意味なものとしてとらえるのではなく、それを通り越して、悪いものとしてとらえてしまい、絶望さえします。また、自分自身の罪深さに気づき、おののきます。

　ジェイムズの考えでは、しかし、病める魂の持ち主には、以上のような憂鬱や厭世の体験を通過し、向こう側にあらわれ出る体験が見られます。それは、病める魂の持ち主が、宗教的な実在をしっかりとつかまえることによって可能となる、「回心」と呼ばれる救済・解放の体験です。ここにいたって、世界は、有意味なもの、究極的には善によって勝利されるものとして、確信をもってとらえ直されます。

　先に触れたように、ジェイムズは、宗教を個人が体験するものとみなしており、教会・教団のような集団や、その伝統的な教えとは無関係であるとします。彼が見るところでは、その体験は、病める魂の持ち主が体験する以上のような、ただ個人にとっての救済をもたらすものとしてのみ、意味をもちます。ジェイムズは、病める魂の持ち主が、このようにして意識を大転換し、過去の自分から新しい自分へと脱皮するとき（「二度生まれ」）、「聖徳（聖者性）」を具現するような真実の方向に向かっているとします。聖徳とは、神と見ることもできる理想的な力の存在を知的にも感覚的にもとらえているという確信や、閉鎖的な利己心が溶解し無限に意気が高まるような感じなどを特徴とする、聖人のようなありかたです。ジェイムズは、宗教的天才たちによって書かれた膨大な数に上る文書を資料として用いて、宗教的経験の本当の中心は、以上のような個人の内的人格の根本的再生、つまり二度生まれにあることを説いたのです。それは、経験的な事実から、「宗教とは何か」「宗教はわたしにとってどのような意義があるのか」という主体的な問いに答えようとする試みであったといえるでしょう。

おわりに——ジェイムズの宗教思想の現代性

　以上ここまで、宗教がもつ意義や真実性は、哲学の立場からは、どのようなものであると考えられてきたのかを、おおづかみにですが、西欧近代にまでさかのぼって見てきました。取り上げてきた話題はどれも西洋近現代におけるものですが、最後にあつかったジェイムズの宗教思想でさえ、今から1世紀以上前の過去のものです。しかし、現代のような世俗的な社会において、宗教の意義や真実性が、個人主義との関連において理解されはじめていることを考えれば、それらを、かなりラディカルなことではありますが、教会・教団や伝統的な教えとの関係を断って、ただ個人の内面における信仰との関連においてのみ肯定的に評価しようとするジェイムズの思想は、今だからこそ見直すべきものであるといえるかもしれません。他の哲学者たちそれぞれの思想についてはどうでしょうか。ぜひ考えてみてください。

演習問題

1) 「機械論的自然観」がカトリック教会によって公認されなかったのはなぜでしょうか。
2) ガリレイ（あるいはニュートン）は、機械論的自然観をキリスト教との関連においてどうとらえていたでしょうか。
3) ヒュームは『聖書』や教会記録に見られる「奇跡」についても独自の批判を加えています。この批判はどのようなものでしょうか。
4) カントは「魂の不死」を想定することもまた道徳的に必然であるとします。この「要請」の議論はどのようにして展開されるのでしょうか。
5) ヤスパース (1883-1969) もまた、宗教を実存の拠り所とする人ですが、彼のこの実存思想がどのようなものであるか、調べてみましょう。
6) ジェイムズは、クリフォード (1845-1879) の、信仰を拒否する見解（「信念の倫理」）を批判します。この批判はどのようなものでしょうか。

関連文献

石川文康［1995］『カント入門』ちくま新書。
泉谷周三郎［1988］『ヒューム』清水書院。
一ノ瀬正樹［2016］『英米哲学史講義』ちくま学芸文庫。
河合隼雄他編［1993］『岩波講座　宗教と科学 2　歴史のなかの宗教と科学』岩波書店。
工藤綏夫［1966］『キルケゴール』清水書院。
グロンダン，J.［2015］『宗教哲学』（越後圭一訳）、クセジュ文庫、白水社。
佐藤康邦［2012］『近代哲学の人間像』放送大学教育振興会。
佐藤康邦他編著［2010］『西洋哲学の誕生』放送大学教育振興会。
島薗進［2008］『宗教学の名著 30』ちくま新書。
ディクソン，Th.［2013］『科学と宗教』（中村圭志訳）、丸善出版。
テイラー，Ch.［2009］『今日の宗教の諸相』（伊藤邦武他訳）、岩波書店。
野田又夫［2017］『西洋哲学史　ルネサンスから現代まで』ちくま学芸文庫。
量義治［2005］『西洋近世哲学史』講談社学術文庫。
ヒック，J.［1994］『宗教の哲学』（間瀬啓充他訳）、勁草書房。
プリンチペ，L. M.［2014］『科学革命』（菅谷暁他訳）、丸善出版。

第10章　芸術と哲学
美の意味を考える

1　美の評価は人それぞれか

生活のなかの芸術

　芸術はわたしたちの生活にとってとても大切なものです。わたしたちはさまざまな芸術作品に出会って、その美しさを感じたり、深い感銘を受けたりすることで、日々の生活の中で大きな精神的潤いをえることができます。

　読者のみなさんのなかには、何か楽器を演奏したり、美術や工芸の制作に携わったりする人もいるでしょうし、あるいは、友人の制作発表やコンサートに参加する人もいるでしょう。人が芸術にかかわるありかたは、それを作ったり、演じたり、鑑賞したり、批評したりと、さまざまです。そして、芸術という世界の内実も、絵画や彫刻などの視覚芸術、交響曲、合唱、日本の雅楽など、さまざまな聴覚芸術があり、さらには、歌舞伎やオペラ、バレーなどの舞台芸術、建築や庭園などの環境芸術など、無数の分野、ジャンルがあります。そして、同じ絵画といっても、古い昔のものから現代のものまであることを考えると、一言で芸術といっても、その世界の拡がりと奥行きには本当に驚くべき多様性があります。

3つの問題

　この章では、芸術をめぐる哲学的反省ということを簡単に行ってみたいと思います。取り上げる問題は3つです。まず、芸術作品における美の感じ方は、人によって非常に違うことが明らかですから、そもそも美の客観的な基準はあ

るのか、ということが問題です。芸術への態度は人それぞれですし、そのことがわたしたちの日常生活でも、時には争いを生んだり、いらいらさせられたりする問題となることがあります。そこで、この章の最初では、美の客観性・主観性ということを問題にします。

次に、美術でも音楽でも、あるいは庭園でも建築でも、わたしたちが美しいものを見たり聞いたりしたりして、それに感動するのは、何かを科学的に観察したりすることとはまったく別のことですし、他人にたいして怒りや愛情を覚えたりする好悪の経験ともかなり異なったものです。だとしたら、わたしたちの心は、美を経験するというとき、どのような精神の態度をとっているのか。わたしたちはさまざまな美を体験することを通じて、独特の感情をもちますし、独特の快感を覚えることがありますが、この独特な心の働きをどう理解したらよいのか。本章では2番目に、これを問題にします。

最後に、芸術を鑑賞したり制作したりするのは日々の大切な精神的潤いをもたらす、と最初に書きましたが、本当にそういえるのか。ひょっとすると、芸術はむしろ有害なものではないのか——歴史上の哲学者の芸術観には、こうした相当にひねくれた意見もありますし、逆に、芸術の本当の意義は、人生における「苦からの解脱」にある、という少々大げさな意見もあります。本章の後半では、芸術の意義にかんするこれらの意見について見ることにします。

美は客観的か？

まず、芸術の美は客観的に存在するのか、という問題からです。

わたしは緑茶が好物ですが、友人はコーヒーのほうを好みます。わたしの家の右隣の人はジャズが好きですが、左隣の人はモーツアルトだけを聴いています。さらに、わたしの兄はカラヤンの指揮するバッハに聴きほれていますが、弟はフルトヴェングラーのほうが断然優れているといいます。

芸術はどれも美しいかもしれませんが、それは要するに好き嫌いの問題なのではないでしょうか。そして、「蓼食う虫も好き好き」というように、わたしの右隣の人も左隣の人も、わたしの兄も弟も、それぞれの好みのままに、自分

の好きなものを味わい感動しているのですから、ここには互いに議論したり批判したりする余地はないように思われます。そうだとすると要するに、好き嫌いはどれも基本的に「主観的」なものなのですから、美には「客観性」はないということになるのでしょうか。

　わたしたちの認識が客観的だというのは、簡単にいうと、その判断内容が誰にとっても共有できるということです。反対に主観的というのは、その判断が個人的な癖や好みに偏っていて、一般には受け入れないということです。例えば、喫煙が健康に悪いということがたくさんの科学的なデータによってしっかりと確立された事実であるなら、喫煙による健康の悪化ということは客観的な事実です。そして、誰かが「自分にとっては喫煙が体に良いのだ」とうそぶいているとしたら、その人は勝手に主観的な信念にしがみついているということになります。科学的データには、誰もが冷静に判断すれば合意せざるをえないという、確固たる強制力がありますから、客観的といわれるわけです。

趣味判断

　一方、例えばクラシック音楽だけをとっても、それを好む人もいるし、あまり興味のない人もいるわけですから、芸術の価値にかんする判断は一般に人さまざまで、科学的事実のような万人に承認されるという意味での客観性をもっていません。それはあくまでも趣味のレベルでの価値評価、つまり「趣味判断」です。そして、趣味にかんする判断は誰もが共通に認めるという意味での客観性をもたないわけですから、芸術の価値や美は全て主観的なもの、個人的なもので、あれこれ議論しても意味のないものだということになりそうです。しかし、本当にそうなのでしょうか。

　大多数の人には共有できず、ごく少数の限られた人にしか評価したり、享受したりすることはできないが、だからといってそれが単なる個人的な価値や好みにとどまるわけではない——。わたしたちの芸術にたいする感受性には、よく考えてみると、どうもこういう特殊な性質がありそうです。このことは一見すると、理解不可能な謎めいたミステリーのような気もしますが、しかし、必

ずしもそうであるとは限りません。

　スポーツの例を考えてみましょう。サッカーであれバスケットボールであれ、本当に天才的な技能を発揮できるプレーヤーは、世界でもほんの一握りです。わたしたちの大多数はいろいろなスポーツを愛好しているかもしれませんが、プレーヤーとして考えると極めて凡庸な才能しかもたないかもしれません。つまり、スポーツにおける非常に高い技能や実力は、ほんの少数の人だけが体得できるものでしょうが、だからといってその人の判断力や能力が主観的なもの、個人的なもので、広く一般には認められない、ということにはならないでしょう。スポーツの技は個人としては誰もが体得したり経験したりすることはできませんが、その「美しさ」は多くの人びとに広く共有できる価値だといえるでしょう。

優れた鑑識眼

　芸術の美にかんする判断力にも似たようなところがある、と考えることはできないでしょうか。それぞれの芸術のジャンルにおいて、またある特定のスタイルにかんして、わたしたちが下す美的な判断は、どこまでいっても趣味のレベルでの判断ですが、それだからといって、その判断が単なる個人の嗜好にすぎないという必要はないですし、それを個人間でばらばらな偏りのある主観的な評価とみなす必要もないはずです。趣味は趣味であって、誰もが例外なく共有できる能力ではなくても、さまざまな美的価値については、優れた鑑識眼のある人もあるし、それほど洗練されていない目しかもっていない人もいます（よく考えてみると、先ほどあげた、まったくの個人の趣味にすぎないと思われたコーヒーや緑茶の例でも、それぞれの味覚については、単に個人の好き嫌いというだけでは終わらない、専門的なレベルの評価ということがあるでしょう。緑茶やコーヒーを淹れる名人というものがありますし、それを判定する味覚の専門家もいるでしょう）。

　したがって、美はそれを感じる個人の目のなかにしかないけれども、その感じ方のレベルには優れた能力もあるし、凡庸で平板な能力もあるようです。つまり、洗練された美的感受性と通俗的、卑俗な感受性の違いはやはり存在する

ようです。「真・善・美」というように、芸術作品の美は、科学的知識がもつ「真」でもなければ、道徳的行為のもつ「善」でもない、独特の価値をもっています。そして、美は必ずしも誰にも共通に感じられるわけではないという意味では、主観的なものであるけれども、その価値の高低を広く議論の主題とすることができるという意味では、まったく個人の好みに限定されるわけではない、という複雑な性格をもっています。

いずれにしても、わたしたちは誰でも美術作品や音楽を作ったり、演じたり、あるいは鑑賞したりするときに、単に自分好みの世界にひたるだけでなく、もう少し高い精神の境域をつかんでみたいと思うでしょう。そこで、芸術のもつ美がわれわれの精神に潤いをもたらすとすれば、その作用の一部は、美というものがもつわれわれをより高いものへと向かわせる、この力のゆえに発揮されていると、とりあえず考えることができるはずです。

2　美の感受とはどのような経験なのか

美がもたらす喜び

わたしは個人的にゴッホの絵に深い感動を覚えます。あるいは、ヴェルディのオペラを耳にすると強い陶酔感を感じることができます。わたしはこれらの感動において、自分に生き生きと訴えかけてくる美の力というものを深く味わいます。

では、この感動や陶酔感は、心のどのような働きなのでしょうか。それはもちろん「強烈な感じ」です。しかし、この場合の「感じ」とは、例えば肉親を失ったことで感じる「深い悲しみ」や、資格試験に合格して味わう「強い喜び」のような感じと、同じ種類のものでしょうか。それともそれは、いわゆる喜怒哀楽という意味での「感情」とはまったく別種の、美の感受に特有の何か独特な経験なのでしょうか。

ゴッホ

芸術にいろいろなジャンルやスタイルがあるように、美にもいろいろな側面があります。新鮮な美、さわやかな美もあれば、強烈な美もありますし、枯れた美、静かな美もあれば、ダイナミックな躍動美もあります。そしていうまでもなく、美を感じさせる対象も実にさまざまです。美しい自然、美しい風景、美しい顔、美しい姿形や洋服、美しい絵画や音楽、美しい自動車や飛行機、などなど——。もちろん、美しい言葉や文章、美しい心がけなど、目や耳に見えたり聞こえたりするよりも、目に見えない次元で伝わってくる美もあります。

カントの図式

われわれの美的な経験において働く精神のメカニズムを解明した哲学者は少なくありませんが、そのなかでも18世紀ドイツの哲学者カントが趣味判断について分析した理論が、哲学史的にも非常に大きな影響をもっています。カントは何といっても、われわれの精神が目指す「真・善・美」という３つの価値について、それぞれを科学的真理の追究、道徳的善悪にもとづく実践、美的判断の形成という、互いに独立の働きとして整理したうえで、それらの関係についても慎重に吟味したために、非常にすっきりとした図式を立てることができたのです。

真・善・美はわたしたちの精神が追求する最も根本的な価値ですが、カントの言葉づかいでは、科学が目指す「真理」を追究する精神の働きは「理論理性」であり、行為の道徳的、倫理的な「善さ」を求めるときに働くのが「実践理性」であるのにたいして、自然や芸術作品において「美」の判定を担うのは、「判断力」という精神の能力だとされます。第一の能力を批判的に吟味したのが、彼の『純粋理性批判』という著作、いわゆる「第一批判」であり、第二の能力を吟味したのが『実践理性批判』、いわゆる「第二批判」であるのにたいして、第三の能力を吟味した著書は『判断力批判』であり、前の２つの批判書と区別して、一般に「第三批判」と呼ばれます。カントの哲学は真・善・美を求める３つの精神の能力を批判的に吟味して、その働きの範囲と限界とを明らかにしようとしたので、一般に「批判哲学」と呼ばれるわけです。

カントは美の経験を自然にかんする美の経験と、芸術などの人工的な事物にかんする美の経験を区別して、基本的には自然美の解明を通じてわれわれの美的経験における心の働きを説明し、人工的な美の経験をそれの応用的なものとして扱いますが、しかし、それだけにはとどまりません。彼はわたしたちが先に注目したような、芸術がもつ「より高いもの」へとわれわれを導く特性にも注目して、美的判断力がある意味では倫理的な理想の追求にも類比的な性質をもっていることにも注目しています。

自然美と芸術美

まず、自然美と芸術美とに共通して認められる美の経験ということです。

わたしは庭に咲き乱れる花の姿を美しいと思い、眼前に広がる広々とした景色を美しいと感じます。花の美しさは花によってさまざまですし、景色の美しさもいろいろです。しかし、それらに基本的に共通するのは、どんなものもそれぞれにおいて多様な色やかたち、無数の色調や陰影をもっていて、その多様さからある種のしっかりとした統一感や調和のイメージが伝わってくること、また、この統一感の実感がわたしたちの内に独特の快感を覚えさせている、という事実です。

つまり、美の感受ということは、第一に、目の前にある対象としての事物において、単にそれがもっている客観的な性質（赤いとか黄色いとか）が認識されているのではなくて、その性質同士の特殊な関連の仕方（赤や黄色の素晴らしい組み合わせ）に注目することで生じるということが認められます。しかも、この注目が自分の心の中に何ともいえない快感を生じさせていることに気づかされる、ということも美の経験の重要な要件です（もちろんこの例は視覚的な例ですが、音についても同じことがいえます。例えば、素晴らしい音楽は音色、メロディー、リズム、音量など、さまざまな性質がもとになっていますが、その性質の独立の性格ではなく、それらが同時に関与して、それらの間の特殊な関連の仕方から音楽的感動が生まれるといえるでしょう）。

カントはこのような美の経験の2つの要件を、対象そのものがもつ性質の感

覚的経験（花の色の知覚）にもとづいて、対象にたいして経験の主体のほうから付与される特徴（花の色合いのえもいわれぬ素晴らしさ）と、その特徴の付与に伴って感じられる心の内なる感情として語ろうとしました。第一の要件はカントの言葉で、対象のうちに認められる「合目的性」と呼ばれます。また、この合目的性に注目することで、自分の心に特別の快感が生じていることを意識することを、「反省的判断力」と呼びます。わたしが何かを見て美しいと感じるとき、わたしは自分の判断力を発揮することでそういう認識をもっているのですが、この判断は、目に見える（あるいは耳に響いてくる）対象の多様な性質内に、合目的な連関と統一性を認めるということと、この連関の確認が自分の内に感情を呼び起こしていることに反省的に気づく、ということからできているわけです。

合目的性

では、対象にたいして合目的統一性を「付与する」という作業と、それにともなった特別な快感の感情が起こるということは、もう少し詳しくいうと、どういうことでしょうか。

目的とは現に目の前にあることではなく、あるべき姿、これから実現されるべき何かです。合目的性とは、事物のさまざまな部分が、全体のもつ目的のために有意義なかたちで、それぞれの役割を果たしているということです。わたしの目は花を見て（知覚経験）、それの種類は何であり（バラ）、どんな色やかたちをしているか（ローズ・ピンク、花弁が渦巻きのかたちで重なっている、など）を判定（知覚判断）します。この判定のために、わたしは知性がもっているいろいろな概念を使うとともに、それを対象に当てはめるために、構想力（想像力）という図式的な作業の能力も使います。これは概念とか図式などの一般的な型に、知覚の対象を当てはめるということです。

主観と対象の関係

しかしながら、美しい花の経験は、目の前の対象の表象をこうした複数の型

にはめこむことでは終わりません。わたしはこの目の前の花が、まさにそれだけのユニークな1本であることを認め、そのもろもろの性質の中に、それだけに特有な統一性、つまり合目的性を認めようとします。この合目的性を認めるために、わたしは自分の知性と想像力を自由に働かせ、いわば何の強制も受けないかたちで心を遊ばせます。わたしは自分のほうからこの花に他にはないユニークな調和と統一性の感じを付与しつつ、この付与の作業がまさしく自分の自由な精神の遊びから成立していることを意識します。そして、概念や図式から解放された自分の精神の自由さに、大きな快楽を見いだします。わたしが花の美しさに打たれるというのは、したがって、花のなかに他にかえがたい、えもいわれぬ特別な統一性を認めるとともに、その認めるという作業が自分の主体的で自由な想像力に源泉をもつことを意識し、そこに快感を覚えるということです。何かについての美の判断というのは、このように、対象だけでもないし、自分（主体）だけでもない、対象と主体との関係そのものをめぐる判断として成立する、快感を伴った精神の働きなのです。

　目の前の1本のバラはまさしくその花だけのユニークな美しさをもって、わたしに迫ってきます。では、この花の美しさは実際には何を目的として成立しているのでしょうか。普通の意味での目的であれば、それは行為のための目標であり、知性と意志とを協働させて実現しようとする何らかの価値（善）に関係づけられます。価値は道徳的であれ道具的であれ、一定の善として認識されます。そこには行為と目的との実践的な因果関係（目的のほうが行為を引き起こす）という関係があります。

目的なき合目的性

　しかし、美的対象においてその合目的性を判断する美的判断力においては、こうした目的の実現のための行為という契機が脱落しています。ある対象の独特の美しさの判断は、主体が概念や図式や関係という形式を完全に離れて、その精神をどこまでも自由に遊ばせることで成立し、それゆえにこそ主体の個人的な関心の満足とは別の次元にある快感を伴うのです。美的判断に伴う快感は、

いわば対象にたいする利害の関心をこえた「無関心」から生じているのです。このことはこの合目的性の経験、つまり対象の内なる統一性と調和の認識が、かなり特殊な合目的性の認識であることを教えます。カントはこの特殊な事態を「目的なき合目的性」という言葉で表現しています。

わたしは目の前のバラの美しさに感動しますが、この感動は、わたし自身が自由に生み出した対象の価値であり、わたしが何らかの具体的な目的なしに対象の内に読み込む価値です。わたしはそのバラを何かに利用することなどをまったく考えずに、純粋にその花の美しさを自分の感情の事柄として享受します。しかし、まさにわたしが自由な仕方で対象に美的価値を付与するというこのことによって、実は、美的な性質が主観的でありながら、同時に、他の人びとにも承認を求めることができるという、これまで見てきた美の経験の逆説的な性格が理解できるようになるのです。

わたしが美しいバラの姿に感動し、その美しさに打たれるとき、わたしは自分のこの経験が、他の人にもまた共有される「べきだ」と、思わず言いたくなることと思います。このときわたしは、自分のこの経験が何らかの個人的な関心とは独立であり、自分自身の利益や関心に制約されずにあることを知っているので、かえってそれがわたし以外の他の人にとっても同じく感動的なものとして経験されてしかるべきだと思うのです。わたしは他の人に向かって、道徳的な判断にもとづいて、何らかの行為をするべきだ、あるいはしてはいけない、という指示を行うことがありますが、この場合の「べき」は、まさに道徳的な原理から導かれる、万人に共通していなければならない行為の善悪にかかわる「べき」です。しかし、わたしたちにはこの種のべき以外に、別の次元のべきをもっています。それが、美的な価値を前にしてわたしたちが感じざるをえない、「べき」という感情です。

わたしの友人は、このコーヒーの香りは誰もが味わってしかるべき至高の価値をもっている、というかもしれません。あるいは、わたしの隣人は、このモーツアルトの音楽の美しさは、誰もが認めてしかるべき精妙さをもっている、ということでしょう。芸術をめぐる美的判断はまさに趣味の問題であるゆえに、

非常に強い主観性を帯びています。しかし、それは主観的でありなら、広く多くの人びとの賛同を求めるという、不思議な性質をもっています。カントはその美的判断力の成立のメカニズムを「目的なき合目的性」の感受として解明することで、同時に、われわれの美的判断に伴うこの不思議な事態についての説明をあたえているといえるでしょう。

芸術と道徳

さて、カントが注目したもう１つの論点である、芸術と道徳との類比性についても、一言だけ触れておきましょう。以上の美的経験の説明は、とりあえず自然の中に見いだされる（バラなどの）美を題材に語ってきました。カントは美術や音楽のような芸術美についても、基本的にはその美的経験は同じ精神の働きによって成立すると考えるわけですが、同時に、芸術という人工美に特有の性質にも注目しています。

われわれが目の前の対象とそれを知覚する自分自身との関係に反省的な判断力を働かせ、独特の仕方で感動を覚えるありかたをよく考えると、そこには、この感動が対象のくっきりとしたかたちや、プロフィールをもとにして形成される場合と、むしろ無定形なかたちでありながら、その無限の壮大さや力強さによって生まれる場合の、２つの場合が考えられます。前者がふつうの意味での美的感動で、これにたいして後者は例えばそそり立つ山々を目の前にして感じる、美的というよりも「崇高」という言葉で表されるような、ある種の戦慄を伴った感動です。

芸術作品の作成や鑑賞は、この崇高と区別されるかぎりでの美的な「かたち」を純粋に追求する作業です。つまり、芸術は感性を使った美しいもの、美しいかたちの追求であり、芸術作品とはこの感性的理念の具体的な表現活動であるということもできるのです。芸術作品の追求が、自分の判断力を自由で自律的な仕方で発揮することで、こうした感性的理念を具体化し、表現しようとする作業であるとすれば、芸術美の追求は、ある意味では行為における理想的善の追求と非常に似通った性格をもっているということもできるでしょう。い

いかえれば、芸術活動を通じた美の追求は、道徳的行為における善の追求と同じような、求道的な性格を一面ではもっているともいえます。カントはこのような美的判断力の行使と道徳的判断との類似性のゆえに、芸術における美とは「道徳の象徴である」という言い方もしました。わたしたちは芸術活動への参加において、道徳的な高みへの希求と同じような、理想への情熱の高まりを認めることができるのです。

3　芸術の意義はどこにあるか

芸術の価値

　カントは芸術の美の享受が、一面では道徳的な善の追求にも通じる性質をもつことを指摘しました。カントにとっては、結局これこそが芸術の美のもつ意義ということになるわけですが、哲学者によってはもっと違う見方もあります。ここでは、「芸術には大きな価値があるのか」というこのテーマをめぐってしばしば参考にされる、3人の代表的な哲学者の意見を簡単にまとめて、この章の議論を終えることにします。読者のみなさんは、これらの意見のどれが自分の芸術観と重なるところがあるか、それぞれ考えていただければと思います。

プラトン

　登場する哲学者は古代ギリシアの代表的哲学者プラトンと、19世紀のドイツの哲学者ショーペンハウアーと、ショーペンハウアーの後継者ともいうべきニーチェです。古代のプラトンは、芸術は人びとの心を陶酔へと導き、世界の真の姿から遠ざけるからよくない存在だ、といいました。カントの哲学を独自に作り変えたショーペンハウアーは、音楽的天才こそが芸術美の頂点であり、これによって人は人生の苦から逃れることができる、といいました。そしてニーチェは、ある意味では2人の立場を合体させた複雑な議論をしました。ニーチェによれば、真の芸術とは音楽と劇とが複合した悲劇であり、その純粋な形態では陶酔と苦とが非常に危険なバランスを保つことに成功している。しかし、

一般の芸術はこの危険なバランスを忘れた通俗的で大衆迎合的なものであり、それはまさに世界の真の姿からの逃避であるという意味で廃棄されるべきものなのです。

プラトンはいうまでもなく、哲学という知的営みの出発点に位置する最大の祖ともいうべき人物であるばかりでなく、複数の登場人物の「対話」によるドラマの進行という文学形式を用いて、哲学的主題の掘り下げの作業をドラマティックに展開してみせた、最も文学的才能に富んだ著作家でもあります。その意味で、哲学の全歴史を通じてもプラトンほどに芸術的才能をもった著作家はいなかった、といってもよいと思われます。ところが、そのプラトンはホメロスの叙事詩やさまざまな絵画や彫刻などが、わたしたちの心を偽りの現実へと導き、偽りの快楽へと耽溺させるので、むしろその享受を禁じるべきだと主張しました。

詩人追放

この「詩人追放説」はプラトンの主著ともいうべき『国家』の、最後のほうで語られるのですが、その理由はこうです。

例えば1枚の美しい絵画は、絵の題材となる家具や建物を目に心地よい姿で描写しているのですが、わたしたちが目にしている現実の家具や建物は実は、哲学の観点からすればそれ自身が真の実在というよりも、実在の「模倣」、コピーにすぎません。本当の意味で実在しているのは、例えばベッドの模範となり、ベッドそのものの本質を体現している、ベッドの「イデア」です。そうすると、わたしたちが目の前のベッドを対象にして、それをできるだけ美しく、快い姿に描き出そうとすることは、まさに模倣にすぎないものにさらに模倣の作業を重ねることになります。つまり、プラトンが説こうとしていたイデア論の考えに立てば、われわれが日常的に目にする感覚の世界を模倣しようとする芸術家の作業とは、本来直視しなければならないはずの実在世界から、われわれをさらに遠ざけ、実在を見えなくさせる欺瞞の作業、嘘の上塗りの作業となるのです。

しかも、模倣描写による芸術の罪は、作者のみならずそれを目にし、楽しむ観客の側にもおよびます。観客は芸術の鑑賞に慣れることで、外的な見かけだけに満足を覚え、感覚的で非合理的な心の働きに喜びを見いだす習慣を植えつけられます。芸術の喜びに浸ることは、魂の低劣な側面を興奮させ、人を感情的な気分に浸ることへと誘惑します。したがって、もしもわたしたちが真に欲するべきことが、この世界の生々流転する感覚の不確実性を離れて、天にある永遠不動で、真の意味で善美であるようなイデアの姿を目のあたりにするということであるなら、わたしたちはすべからく芸術というものを拒否し、その害毒から自分たち自身を守る必要がある、ということになるのです。

これはいかにも極端な意見です。といってももちろん、プラトンのこの意見は、あくまでも彼のイデア論を承認して、真の実在がこの世にはなく、自然世界を超越したイデア界にあるということに納得する場合にだけ、説得力があるということになるでしょう。もしも、世界の実在のありかたをこの説とは異なって理解する場合には、芸術の意味はまた違って理解されることになるはずです。

ショーペンハウアー

この異なった存在論の観点から、芸術のもつ積極的な意義を最大限に主張したのが、2番目のショーペンハウアー（1788-1860）です。彼はカントの哲学から出発しながら、その存在論を大幅に書き換えることで、人生における芸術の意義を深く理解できると考えました。その際に、奇妙なことに、彼は芸術の美への参与は、プラトンのイデアの直視にも等しい精神の高さを表現していると考えました。これはたぶん、プラトン自身の考えが、一方では地上の芸術を最大限に貶めながら、イデアの世界の頂点に「善美なるもの」をおいたことからくる、自然な混乱といえるでしょう。ともかく、彼は芸術の頂点に音楽という特殊な芸術を据えることで、芸術がもつ外界にたいする模倣的特性を否定できると考えました。もしも芸術がこの世界の物の模倣でないとしたら、確かに上に見たようなプラトンの主張は無効になるでしょう。

ショーペンハウアーの主著は『意志と表象としての世界』（1819年）ですが、このタイトルはカントの「現象と物自体」という二分法を踏襲しています。表象としての世界とは、カントのいう理論理性によってとらえられる世界、つまり科学が明らかにする事実の世界のことです。これにたいして、意志としての世界とは、物自体としての世界ということですが、カントでは物自体はわれわれには直接に把握不可能とされました。

ショーペンハウアー

ショーペンハウアーはカントのこの物自体という考えを踏襲しつつ、その把握不可能という性格を否定して、世界の実相そのものがわれわれに直接把握できること、それはわれわれ自身の生の具体相において、「生への意志」として直接に感受されるとみなしました。

ペシミズム

世界の実相が生への意志からなるということは、実は、非常に厳しい、ある意味ではとてもやりきれない事実です。意志とは何かを欲することですが、世界全体がこの何かを欲してやまない普遍的な衝動の塊であるとしたら、世界はまったくの苦の世界、暗黒の暴力世界であるということになります。われわれは時折自分の意志を満足させることができても、すぐに別の欠乏感に駆られて新しい意志の充足へと赴き、決して満足することができません。しかも、さまざまな意志はまったく理性を欠いていて、互いに盲目的にぶつかりあい、争いあうので、世界には争いと暴力がいつまでも絶えないことになります。これがショーペンハウアーの提示する、この世界は最悪の世界であるという、ペシミズム（厭世主義）の哲学でした。

しかしながら、われわれはある極めて特殊な条件のもとで、この永遠の無間地獄ともいうべき苦界の闇から脱することができます。それが芸術の美の体験という非常に特権的な精神の働きがもたらすことのできる、特殊な次元なのです。芸術の美の経験とは、カントが述べたように、ある理念的な「かたち」の

直観という意味で、プラトンのいうイデアの世界への参入に似ています。そして、これもカントがいうように、美的経験が「目的なき合目的性」の働きであるとすれば、美的経験は永遠の苦である「生への意志」の衝動からも、ある意味では確かに逃れているといえます。

苦からの解放

しかも、多くの絵画や文学が現実世界の模倣という目標を立てているために、その多くはなおも「生への意志」という契機を残しているのにたいして、音楽は本来、現実の模倣というモチーフをまったくもたないために、生への意志からの影響を完全に脱却しています。音楽はむしろ、生への意志のありかたそれ自体を純粋な姿でわれわれの目の前に「提示する」という、まったく特別な作業を行うことで、われわれをこの世の苦界から解脱させる力をもつのです。この解脱を可能にしているのは、生への意志そのものを芸術創造の作業へと転化することのできる「天才」のみです。天才は深い苦悩としての世界の実相を直接に提示する音楽を創造します。そしてわれわれは天才が創造しえた、音楽というものに共鳴するかぎりで、芸術がもたらす解脱作用に与ることができるのです。

ショーペンハウアーの芸術論は、このようにプラトンが指摘した芸術のもつ否定的な側面を克服し、その積極的な意義を強調しました。そのために、彼の後に出てきたワーグナー、トルストイ、プルーストなど、非常に多くの先鋭的な芸術家たちの強い共感をえるとともに、彼らの芸術的インスピレーションの源となったのです。とりわけ、この思想に決定的な影響を受けて、さらに複雑な芸術論へと議論を進展させたのが、ニーチェです。

ニーチェ

ニーチェ（1844-1900）はもともとギリシア古典文献学の専門家として出発しましたが、処女作の『悲劇の誕生』において、古代ギリシアの悲劇というドラマの形式を説明するとともに、そこで把握されていた芸術的真理の核心という

ものが、西洋の長い歴史を通じてほとんど忘れられてきたこと、しかしワーグナーの楽劇の誕生によって、ようやく復活することができた、ということを論じました。

『悲劇の誕生』（1872年）には「音楽の精神からの」という副題がついています。つまり、ソフォクレスの『オイディプス王』に代表されるような、古代ギリシアの悲劇作品は、音楽の精神というものから誕生した

ニーチェ

というわけですが、この音楽の精神とは、ショーペンハウアーのいう盲目的で非理性的で根源的な世界の実質としての「生への意志」に他なりません。したがって、ニーチェの考えでは、世界の根源にある名付けえない一者から、人間の生のドラマの本質を示す悲劇が生まれた、ということです。彼の分析では、生の根源としての意志的な一者から、美しく明晰で理性的な形象にあこがれる精神と、それに逆らって根源へと戻ろうとする酩酊の精神という、2つの根本的に対立する衝動が生まれてきます。そして、古代ギリシアの悲劇の成立は、この2つの衝動が並立しつつ、極めて微妙なバランスをとることではじめて可能になるような、非常に奇跡的な事態であるというのです。

「アポロン的」と「ディオニュソス的」

ニーチェは、世界の根源から派生する、美しく明晰で理性的な形象にあこがれる明朗な精神と、それに逆らって酩酊を通じて根源へと戻ろうとする暗い精神という、2つの根本的に対立する衝動を、「アポロン的」と「ディオニュソス的」と形容します。アポロンとは理性をつかさどる神であり、知的なこと、美しいこと、合理的なことを生み出し、夢のような世界を求める精神を象徴しています。一方、ディオニュソスとはバッカスのような酒の神の系譜に連なる神様で、酩酊や陶酔、極端な暴力や興奮に溺れようとする精神の暗い傾向を象徴しています。この神様を讃える祭り（ディオニュソス祭り）のなかで、人びとは狂乱の時間に巻き込まれ、一切の理性的なもの、反省的なものを投げ捨てて、

強い衝動に突き動かされて根源的な一者へと帰還しようと欲するのです。

　これらの2つは、先に見たショーペンハウアーの哲学における現象と物自体の区別を、人間の精神における2つの異なった方向への衝動としておき換えたものです。アポロン的な精神が求める明澄な世界とは、科学的精神の描き出す現象としての世界であり、自然法則の下で整然と進行する世界のことです。また、ディオニュソス的な精神が浸ろうとする極端な暴力と興奮の世界とは、物自体としての意志が永遠に欲望の充足をえることができず、無限に闘争と破壊を続ける盲目的な意志の世界そのものです。その意味で、ニーチェの理論の枠組みはショーペンハウアーの哲学にそっくり即したものですが、この枠組みをただ人間精神の型として考え出すだけでなく、その組み合わせから稀有な芸術が、まさしくギリシア悲劇というかたちで誕生したことを突き止めたところに、ニーチェの独創性があります。

　『悲劇の誕生』の説明によれば、古代ギリシアの悲劇の特徴は、舞台の前面でセリフを言いながら、さまざまな人間的行動を主体的に繰り広げることで、ドラマの筋を担っていく主要な登場人物たちと、その背景に立って、登場人物たち自身は知らないその運命を指し示し、最終的には悲劇的結末へと向かう宿命を予言的に伝えるコーラス隊（コロス）という、二重構造からなるところにあります。舞台の前面で活躍する登場人物たちは、その主体的な姿勢においてアポロン的な理想に生きているわけですが、その背景にいる合唱隊は、登場人物たちが知ることのない世界の本当の姿を体現することで、アポロン的なものが仮象にすぎず、ディオニュソス的なものこそが最終的に勝利することを、合唱という音楽にのせて伝えるのです。

ニーチェとショーペンハウアー

　ニーチェの芸術論はこのように、師であるショーペンハウアーの哲学の枠組みを利用しつつ、芸術のもつ恐ろしい性格、あるいは複雑な深みというものにも迫っているという意味で、師の理論よりもさらに鋭利な、興味深い理解をわたしたちに教えてくれます。芸術は確かに、わたしたちの生活に潤いをもたら

し、深い喜びをあたえてくれる、非常に大切な営みです。とはいえ、音楽であれ、美術であれ、それを作成する人びとにとっては、芸術が単なる喜びとはいえない、深い苦悩の産物であるということはありうるでしょうし、それを享受する人にとっても、場合によっては決して単なる精神の快楽や慰めのレベルでは終わらない、複雑なものである可能性もあるでしょう。ニーチェの哲学はそうした複雑さについて考えるための、きっかけをあたえてくれるので、貴重な思想であると思われます。

　陶酔であり、快楽でもあるが、しかし同時に苦悩であり、恐怖であるかもしれない、芸術の美――。はたして芸術は世界の真実からわれわれの目をそむかせる、偽りの夢への誘いなのでしょうか。それとも、芸術こそがこの世界にあふれる無数の苦からわれわれを解放する稀有な経験なのでしょうか。あるいは、芸術とは解脱である以上に、世界のより深い実相を恐怖とともに味わう危険で複雑な経験なのでしょうか。

　ここではプラトン、ショーペンハウアー、ニーチェという3人の哲学者の思想をとりあえず紹介して、それぞれの独特の考え方について簡単に触れてみました。

他の哲学者たち

　しかし、芸術を論じた哲学者は彼らだけではありません。例えば小説家としても著名なサルトルは、彼の独自な人間存在論というものをもとにして、詩人や小説家の作業の意味を解明しようとしています。あるいは、ゴッホの絵を題材にしながらニーチェとは違う発想で、芸術の起源を考えようとしたハイデッガーの理論も参考になるでしょう。いずれにしましても、本章を読まれた読者のみなさんが、それぞれの芸術にたいするイメージを今後も少しずつ深めていかれるならば、非常に嬉しいことだと思います。

演習問題

1) あなた自身にとって、美術と音楽は、同じような意味で重要な芸術であると思わ

れますか。それとも、どちらか一方のほうが大切だという感じをもつでしょうか。そうだとしたら、あなた自身にとってのその理由は何でしょうか。
2) 絵画や音楽、小説や詩などの芸術作品の価値について、人びとの間で意見を交わすことには意味があるでしょうか、それともそれは個人の趣味の問題なので、議論をしても仕方がないことなのでしょうか。
3) 現代の美術や音楽は、過去の古典的な美術や音楽に比べてどこが異なっていますか。現代の芸術は過去のものよりも進歩しているのでしょうか。
4) あなたの意見では、芸術にはわたしたちの心を潤したり、浄化したりする力がありますか。もしもそう思われるとしたら、あなたの考える「心の浄化」とは何ですか。

関連文献

今道友信［1973］『美について』講談社現代新書。
佐々木健一［2004］『美学への招待』中公新書。
タロン゠ユゴン，C.［2015］『美学への手引き』（上村博訳）、クセジュ文庫、白水社。

第11章　科学と哲学
「科学は哲学」なのか「哲学は科学」なのか

はじめに

科学という言葉

　この章では「科学哲学」なる哲学の一分野に関して入門的な話をしたいと思います。今、一分野と述べましたが、以下のことは本書の第Ⅰ部のワールドをみなさんがすでに読了されているなら、なんとなく気が付いているかもしれません。古代ギリシアのタレスに始まり、デカルトや現代の言語哲学に至るまで、少なくとも理論的な哲学の歴史は、実は、科学であるという点です。まず、この点を最初に述べたいのですけれど、その前にみなさんがここでイメージしている「科学」という言葉に関して整理しておきましょう。

　第3章で若干触れられていますが、理論哲学の対象や問題意識が、いわゆる科学的な領域と大きく異なってきたのは、神学的な問題を別にするとカント以降になります。いわゆる文科系的な哲学、メタ科学としてのテツガクっぽい哲学が、難しい用語とともに歴史の表舞台に登場するのがカント以降、18世紀末から19世紀中葉になります。ルネサンス以降、数学を道具として天文学や物理学が自然哲学というヴェールを被りながらも徐々に哲学の中から独立していきます。自然科学の誕生です。18世紀末から19世紀にかけては、社会学や心理学が新しい科学として哲学とたもとを分かちます。今日、西洋の多くの大学では、従来からある法学や医学、神学（中世以来の大学における上級3科）を含め、いわゆる人文科学、社会科学、自然科学という分け方がなされることがありますが、日本の大学の場合、哲学部（文学部哲学科ではありません！）が存在し

た歴史がなかったことを考慮すると、学際的な研究・教育がさけばれている今日、こうした分け方に問題がないとはいえません。

さて、この区分のポイントは2つあります。1つは、宗教、哲学、歴史、文学を主要領域とする人文的な学問の集まり（「学・科」区分）、法律学や経済学、社会学といった社会活動（共同体活動）を主要領域とする集まり、それから、物理学や生物学といった自然を主要領域とする集まり、この三つカテゴリーによる区分です。この中で、われわれが科学と聞いて思い浮かべるのは、大抵自然に関する学科の集まり、つまり自然科学でしょう。これには実は理由があります。

学問論の中の哲学と科学

学科区分としての「科学」における「科」とは百科事典の「科」と同じ意味です。つまり「区別・区分け」を意味します。ドイツ語で Fach-Wissenschaft（ファッハ・ビッセンシャフト）という言い方がこれに該当します Fach は「棚」つまり区分・整理の意味で、Wissenschaften は、「諸学問」を意味しますから、科学という言葉は、明治期に哲学を西欧から持ち込んだ日本の学者らが上のドイツ語（区分された諸学問）の影響を半ば受けていた証といえます。ただ、今日のドイツ語でもビッセンシャフトが広義「学問」を意味する単語として使われることはあまりなく、むしろ「科学」として使われます。これには、実は、英語の Science（サイエンス）の意味が半ば混入しているのです。科学と聞いて自然科学をわれわれが最初に思い浮かべる理由は、自然に関する科学が歴史的にも方法論的にも最初に哲学という大きな母体から離脱して自立していったという背景があります。サイエンスの語源はプラトンが『テアイテトス』で整理したギリシア語の「エピステーメ（確実な知識・認識）」にまでさかのぼりますが、直接的にはそのラテン語訳である scientia（スキエンティア）が語源です。哲学用語の語源をたどることが時として重要になる例ですが、厳密な知識を意味するこのスキエンティアの意味がそのまま現代のサイエンス、つまり科学にも引き継がれるわけです。

17世紀以降確立されてくる新しい自然科学的な方法、つまり実験や実証と数学を使う定量化の方法が今日、厳密な科学的方法とされます。客観的なデータ、最近よく使われるEvidence（エビデンス）にもとづいて議論を展開せよ、という方法です（本来、エビデンスとは神学・法学由来ですから、少し不思議ですね）。この方法が、19世紀以降、人文的学問や社会科学的学問にまで押し広げられました。自分の行っている知的営みが主観的で個人の思いつきであれば、みなさんは大学でそうした講義を受けることを憚られるでしょう。おそらく、個人的な思いつきが公然と許される領域は、昨今では趣味の世界や芸術活動くらいに限定されてしまっているかもしれません。

ニュートン

今日でも歴史学者が自分のことを日本語で科学者とは普通言いません。そこには自然科学者との混同されるおそれがあり、またそもそも科学者（サイエンティスト）という言葉自体が19世紀になって初めて使用され始めたという経緯もあります。しかし歴史学者の知的営みは間違いなく上記の意味で「科学」的なのです。

1　トランスサイエンスとしての哲学

哲学と科学の異同

前節のはじめで「古代ギリシアの、タレスに始まり、デカルトや現代の言語哲学に至るまで、理論的な哲学の歴史は実は、科学である」と述べました。その意味は半分ご理解いただけたのではないでしょうか。タレスが世界のアルケーを自然観察の中で変幻自在な「水」に求めたり、より厳密な思考においてピタゴラス学派が「数」に求めたりしたこと、あるいはデカルトが当時の生理学的知見から、心身のつながりを考えたこと、そもそもアリストテレスやライプニッツが百科にわたる多分野横断型科学者（今日でいえば、1人の先生が文学部でも

法学部でも理学部でも専門研究・教育ができるということ）であったことを想起すれば十分でしょう。

　そうであれば、哲学に関心を持ち、いかにも憂愁の哲理に浸るテツガクっぽい話題に関心をもって哲学を学び始めた方はがっかりされるかもしれません。巷には、そういう読者を狙ってか、哲学の重要さや、哲学固有の問い、哲学の必要性を声高に論じている本もあります。つまり科学の限界を安易に設定しトランスサイエンスとしての哲学を標榜しています。そうした本の重要性は否定しません。実際、実存哲学のような問題は科学では扱いきれないでしょう。

　しかし、では、哲学と諸科学の決定的な差異、あるいは断絶はどこにあるのか、と問われれば、意外と回答しにくいのです。こうした問い自体を考えることが哲学的だといわれそうですが、そうした問いかけ自体が、かつてウィトゲンシュタインが述べたような「仮象問題」であれば意味がないわけです（以下、こうした問題意識を持ちながら読み進めてください）。

　例えば、心の問題や神の存在、宇宙の始まりは、科学では論証できないではないか、といわれるかもしれません。これこそがトランスサイエンスだ、と。しかし、哲学もこうした問いに答えられているわけではありません。哲学は時に、心理学や脳科学の扱う「心」を問題視します。それはある意味正しいのですが、その点は、次節に譲るとして、少なくとも心は、脳ではなく別の場所、例えばイデア界にあるとか、神は、「これこれこういった特徴を持つ」と哲学が回答し切れているわけでは全然ありません。むしろ、今日の哲学研究の多くが、過去の哲学者の言説を整理・紹介して、あたかも哲学固有の問題であるかのごとく議論しているようにさえ聞こえます。現代の心理学や脳科学のほうが、毎日、多くの被検者のビックデータを扱い、夜遅くまで、統計処理を行い、その努力に比べれば、アリストテレスがどうした、カントがどうした、と論証もできないうえに、実際会うこともできない過去の偉人の言説に依拠した研究のほうが問題ではないでしょうか。

　中世以来の神の存在証明（詳細は第2章参照）は、あたかもわれわれを納得させてみせるように思われますが、「アキレウスと亀のパラドクス」と同じパラ

ドクスにすぎないかもしれません。なぜならそこで使用されている方法は、論理学であり、論理学には人をトラップにかけることはいくらでもできるからです（詭弁的論理など）。そもそもアリストテレスは詭弁術について論理学の観点から考察していますし、カントも考察しています。

哲学の固有性とは

　「哲学をバカにすることこそ、真に哲学をすることである」と、かつてパスカル（1623-1662）はデカルト流の学問の秩序付けに反対しましたが、今、そういう深遠な意味をみなさんに語って、哲学の価値を貶めているわけではありませ。そもそも、哲学の固有の問いがある、と最初から言い切れるなら、その回答が是非必要となるし、哲学から諸科学が分化していった以上、哲学が一番重要なら、諸科学は無用になるでしょう。しかし現実は違うのです。昨今、哲学無用論がいわれる背景は、実は哲学自体が科学なのか分からなくなっているところにあります。もし科学的でなければ大学で行われる知的営みとしては失格でしょう。作家活動や芸術活動のような類であれば、天賦の才能のほうが重要でしょう。しかし、逆に哲学が完全に科学であれば、哲学はまったく不要です。上で論じたような問いかけは、例えば心理学、宗教学、宇宙物理学が、科学として回答してくれるでしょう。哲学研究の中で、哲学者が「文献研究」をしたり、新しい翻訳を作ったりする手法は完全に科学的です。その点で、哲学も半ば科学ではあるのです。

　ここで、話を終えてしまってもいいのです。哲学と科学はどう違うのか。哲学はトランスサイエンスになり得るのか。これは昔からある問題ですが、20世紀以降の極めて重要な問題であり、この問題が、仮象問題かそうでないかも含め、哲学を志す人間が必ず考えねばならない問題だからです。これまで理論哲学的な議論を中心にしてきましたが、実践哲学や宗教論の領域でも、21世紀に入ってから、新しい唯物論（自然主義ともいわれる）の影響は極めて大きくなっており、心理学や動物行動学、遺伝学に人間の倫理的・宗教的行動を還元して理解しようとする方向性は、いや増しているとさえいえます。

ライプニッツ

　ここまで議論してきた流れの中で、唯一、諸科学ではできない（個人ができないという意味ではありません！）課題があるよう思われます。その点をみなさんが、哲学という知的営みの固有性を、もしそれがあるとすれば、考える材料としてください。それがトランスサイエンスとしての哲学の姿になり得るかもしれません。その際のキーワードが、直前に使った「根本的な状態に戻すこと」という意味でつかわれる「還元」という言葉です。この「根本的」というところが、ある意味、問題なのです。

　例えば、脳科学を考えてみましょう。脳科学は文字通り人間や動物の脳の研究を通じて、脳機能である視覚・聴覚認知など感覚入力処理や、記憶・学習・思考・言語など高次認知機能、あるいは情動機能、を研究しています。こうした機能は、人間に関するいわゆる心の機能ともいえるかもしれません。したがって、ざっくりいえば、脳科学が心について議論を組み立てるとき、根本的なものを「脳機能」とみたて、そこから派生した状態として心を論じるのです。宇宙物理学が宇宙の始まりを論じるときは、観測と統計処理（シミュレーション）に還元して、宇宙の始まりを論じ、そこから生命の発生までも議論することがあります。そこでの還元先は、水素原子やヘリウム原子など、あるいは力学法則などになります。実は歴史上、哲学も、こうした還元をしてきました。例えば、デカルトやライプニッツの実体論などが有名です。しかし、こうした哲学の還元を、先に述べたような意味での歴史的に広義の科学とみなせば、実体論は科学的推測・仮定ということもできます。科学は、その当該科学内での還元先（原則）を一定程度もっています。心理学しかり（心的現象）、歴史学しかり（文献、遺跡）、法学しかり（実定法や判例）、生物学しかり（分子生物学であれば分子構造）、です。そこからの解釈というかたちで現代の問題に肉薄することは十分ありますし、その領域を越えた領域で、ある科学者がコメントをしている姿を目にします。脳科学者が、恋愛問題に関して語っている姿をテレビで見かけることもあるでしょう。しかし、その際の、最終還元地点は、（もし無責任な発

言をしないのであれば）本来はその科学者の担当領域である当該科学の還元先です。

哲学に科学的方法は可能なのか

では哲学はどうでしょうか。哲学でも、ある問題を、「カントによれば」、「プラトンによれば」、という言い方で終結させる場合があります。もちろんそうした過去の哲学者の見解で満足し、そこで終わってしまえば、それは哲学ではなく、カントやプラトンの教説を道聴塗説（どうちょうとせつ）しているにすぎないかもしれない「カント学」、「プラトン学」なのです。ただ、哲学の場合、もう少し事情は複雑です。過去の哲学史的知識を引き合いに出すのは、数学者が数学史の知識を持ち出すのとは若干異なる場合があります。数学史の場合、未解決問題に光を当てる作業以外に、過去の数学を現代において解かれてしまった問題のために持ち出すことはまずありません。ところが、哲学者が未だ2000年以上も昔のプラトンのイデア論を持ち出すことがあるのはなぜでしょうか。それは、否定的に考えれば、仮象問題として、いつまでも過去のノスタルジーに浸っているだけといえるかもしれません。実際、コント（1798-1857）らの実証主義者はそういう立場をとり、過去の哲学を否定しました。しかし、もう少し積極的に考えれば次のようにいえるかもしれません。それは、哲学自体、一義的な、きちんとした還元先がない、ということなのです。ですから、過去の教説に還元先がないかどうか、ヒントを求めようとするのではないでしょうか。

こうしたことをさらに肯定的に語れば、哲学は、世界のありかたを、本来還元できない仕方でしか語れない、仮に還元したとしても、その還元はある種の相対的な作業仮説としてしか維持されえない、ということなのではないでしょうか。イデア論に世界を還元したプラトンの教説はアリストテレスに反駁されました。カントの超越論的観念論という還元は、ヘーゲルに反対されました（こういう事態が「阿呆の画廊」と揶揄されたこともありました）。

脳科学でも細部において還元の精度や方法に関して、時代ごと更新がはから

れるでしょう。しかし、脳科学者が、脳を第一研究対象にしなくなれば、脳科学者としての科学者ではもはやありません。心理学者がマクロ経済学に心的現象を還元することなどありえません（マクロ経済学と心的現象（群集心理など）が関係しているという意味ではありません）。しかし、哲学は、時に、人間の心を心理学的な方向に還元することがあれば（アウグスティヌスやベルクソンなど）、自然や神に還元することもありました（エピクロス派やスピノザなど）。繰り返しになりますが、これらの還元先が、枝分かれして諸科学になったのですが、哲学そのものはそうした還元先を持たないまま、逆に、厳密に持たない（持てない）ことでこれまで続いてきたのです。諸科学の行う還元から取り残されつつも、その還元ではみえない対象をみてきたともいえます。それは何でしょうか。

　それがおそらく「学問全体」であり、学問全体が扱う「世界全体」なのです。哲学が科学との関係を取り結ぶときの１つの重要な視点は、それが「学問論」であるということです。換言すれば、科学を俯瞰できるトランスサイエンスになり得る唯一の「還元なき学問」なのです。

2　メタサイエンスとしての哲学

科学を哲学する意味

　第２節で論じた点が哲学の存在意義であれば、哲学は科学でありうるのでしょうか。それとも別の歩み方があるのでしょうか。哲学が完全に科学と同じなら、哲学は不要です。トランスサイエンスだからといって、諸科学が100個集まっても、それは、還元先が異なる科学が100個集まっただけです（むろん還元先が同じでも、違う現象を扱うために分化している科学もありますから、還元先はもっと少ないでしょう）。では100個の還元先をさらに１つにまとめる科学こそが哲学なのでしょうか。そういう理念にもとづいて哲学を再構築しようという時代が、20世紀初頭に確かにありました。論理実証主義という営みです。これは、物言語・知覚言語にもとづく検証可能なプロトコル言明によって統一科学を目指す思想でした。ウィトゲンシュタインも当初そうした潮流の中にいたとみるこ

第 11 章　科学と哲学　「科学は哲学」なのか「哲学は科学」なのか　159

とができます。「語りえないものには沈黙せねばならない」という人口に膾炙したあの言葉は、広義にはこの検証可能性言明と無関係ではありません。しかし、こうした試みはうまくいかなかったのです。ほかの諸科学に今日あまり大きな影響をあたえることがないまま、哲学の狭い領域の中に閉じてしまいました。

　もちろん哲学が半ばサイエンスである以上、還元の方法を精査し正当化し、体系化することは重要かもしれません。し

ゲーデルとアインシュタイン

かし、論理実証主義のように、論理学レベル、人工言語レベルで議論を展開することは、昨今の情報科学とりわけコンピュータサイエンスなどが行っている還元作業とあまり変わらないからです。人工知能の研究がすすんでいるのは事実です。しかし、それによって歴史学が消える、宗教学が無意味になる、といったことは、あり得ないでしょう。メディア広告は未来の画として、人工知能が全てを解決するように煽ることがありますが、われわれ人間のほうがずっと「理性の狡知」に長けているようで、そのうさん臭さに気が付いているのです。それは、一種類の還元で全てが解決できるほど、世界は単純ではないことを、暗黙に知っているのです。最良の還元を見つけるためには、それこそ無数にある還元方法から見いだす必要があります。「最適化制御理論」の拡大解釈によって、人間の行為に関する最良の還元方法のある側面は見つけられるかもしれませんが、破たんも覚悟せねばなりません。その破たんのリスクが大きすぎると、人類の行く末にも影響します。例えば倫理的基準を遺伝子レベルでの「選別」に還元したとしましょう。このとき、差別や例外的悪は、社会から消えるかもしれません。しかし、多様性が失われ、1つの疫病で全人類が死滅するかもしれません。宇宙の謎を、人類誕生の意味を十分理解し得ていないわれわれが負う還元リスクの1つなのです。そもそも無数にある還元を理解するために

は、当該科学の内部にいるだけでは不可能なのです。ほとんど完成された古典物理学でさえ、多体問題を厳密に解くことは、特殊な例を除いてできません。いわんや、人間の行為を統計的に理解できるというのは、ある側面を強調する以外、不可能なのです。

科学の限界

　第3章に書かれてあることですので、詳細はそちらに譲りますが、科学であった、あるいは科学的だった哲学が科学とのなだらかな連続性を失って、いわゆる難しい術語を用いる、一見すると衒学的で素人が立ち入れない学問になっていくのは、先に述べたようにカント以降、大体18世紀末以降です。おそらく、その難しさは、難のある翻訳や原語の難の問題は脇に置いておくとして、プラトンやアウグスティヌス、デカルトらの哲学にはないものです。カント以降、極めて抽象的な問題が哲学の中心に鎮座するようになり、哲学においてその「方法論」が最も重視されるようになります。ライプニッツのモナド論などは難しいといわれますが、ライプニッツの哲学の主要目的はモナドではなく、モナドという実体を設定し（還元先とし）その上で世界がどのように理解できるか、ということに力点があります。しかし、カントの場合は、世界や人間をどういう方法で語るべきか、ということが最重要課題になります。譬えていえば、カント以前は、「こういう望遠鏡を使えば、あの星団程度までは観測可能だろう」といっていたのが、カント以降は「あの星団程度まで観測可能だとするなら、望遠鏡の内部はどうなっているか調べなければならない」となりました。調べた結果、「あの程度」が保証できなくなる可能性も出てくるのです。天体観測は関心を持てば6歳児でもできますが、天体望遠鏡の内部構造や倍率構造の理解は、10歳児程度でもなかなか理解しがたいでしょう。

　諸科学の営みは、どちらかというと、この無邪気な6歳児に似ています（幼稚という意味ではありません）。知的好奇心に従い、解説書をみて使い方を学び、実際に観望する。時に、専門書に移り、星について知識を深める。実際、天空の星の存在は疑わない。ところが、時と場合によっては、星に見えていたはず

のあの輝きが、レンズ内に剝がれ落ちた感光板のゴミなのかもしれない。そう疑って、埃を気にし、本当にそれが星なのか、そうでないのか望遠鏡を分析・分解してみる作業が必要になる、これはなかなか当該科学の内部ではできないのです。こうした光学に関心があった哲学者が近世にいたことは偶然とは思えませんが、いずれにせよ、当該科学の営みの外に出て、その方法が正当かどうかチェックする役割、これがカント以降の哲学の大きな特徴になります。こういう哲学観を「メタサイエンス（メタ科学）」としての哲学といいます。少し専門的に言えば、諸科学の営みをメタ的に（上から：この用語の歴史的意味は脇に置きます）みる、つまり俯瞰するのです。俯瞰するとは上から見下ろすことです。いささか上から目線ですが、これは前節で述べたトランスサイエンスとしての哲学のありかたと無関係ではありません。物理学がどういう学問であるかは、生物学や歴史学との差異化の中で初めてはっきりしてきます。物理学の中のある分野のある対象を日々研究している最先端の現場の研究者には、他の学問との比較を主題的に考える時間的な余裕はおそらくないでしょうし、それは物理学の主要な課題になりえないでしょう。そのことは他の科学でも同じです。

　諸科学のありかたをメタ的にかつトランス的にみる学問、これが実は本来の「科学哲学」であり、広義には今日の哲学そのものの姿です。それは単に科学（スキエンティア）ではもはやなくなってしまった後に、あるいは科学が分離していった後に残された哲学の姿、といえるかもしれません。

　次の節で、このメタ的かつトランス的な学問である哲学の具体的なテーマをいくつか紹介します。

3　科学哲学のトピック

科学基礎論

　この節では、科学哲学においてよく取り上げられてきた問題を、ざっと瞥見したいと思います。ここには純粋に科学基礎論的な問題と科学方法論、科学実在論の問題が混在しています。

まず、科学の基礎理論として最初に置かれるべきなのは、オーソドックスですが、論理学の研究です。先に触れた通り、アリストテレスが哲学（科学）のオルガノン（機関）として最初に置いたといわれています。哲学をするうえでは論理学の知識や教養は、あるレベルになると必要になります。カントやヘーゲルが使用した論理学の形式的部分は古典論理学といわれる論理学の中でもかなり初歩的でかつ名前の意味を重視する名辞論理学という内包的論理学ですが、今日、他の基礎学問の中で多用される数理論理学（命題論理学や述語論理学）などは、パースやフレーゲ以降、標準装備であり、昨今は集合論やカテゴリー論（圏論）といわれる比較的新しい論理的な方法が注目されています。

次にこの論理学と連続的な関係にあるのが数学基礎論です。これの分野はメタ数学といわれています。上記の集合論（カントール、ツェルメロ、ゲーデル、といった人たちが有名）や圏論（マクレーンらが開拓）などを使用します。また普通の実数論を超えた超準解析学という無限を数の体系に取り込む数学理論もこの数学基礎論の中で扱われることがあります。

次に紹介するのが、物理学の哲学としての科学哲学です。いくつもの分野がありますが、一番有名なのが、いわゆる「量子物理学の哲学」かもしれません。量子物理学は、相対性理論までの物理理論がマクロな対象を扱っていたため顕在化してこなかった観測される側と観測する側との相互作用の問題を扱う「観測問題」といわれる領域を中心に、相対性理論の意味や統計力学と統計科学との関係（統計をはかる根拠は主観にあるのか対象の側にあるのかといった統計とその周辺をめぐる問題）とも関係しつつ、科学における実在の意味（例えば、われわれは直接原子をみることができません。この直接性をどう理解するかという問題に関する哲学的課題です）など、広がりのある話題を提供しています。

$$\frac{ih}{2\pi}\frac{\partial \psi(x)}{\partial t}=\left(\frac{hc}{2\pi i}\alpha\nabla+\beta mc^2\right)\psi(x)$$

ディラック方程式

時間や空間をめぐる問題に関しても、数学や論理学の道具を中心に物理学の基礎論においても研究されます。哲学の側からのアプローチとしては、マクダ

ガートの時間の非実在性の議論や大森荘蔵の原生時間論などが日本では有名でしょう。

最近の傾向

最近は、上記のいわゆるかたい基礎論だけではなく、生物学に対する哲学的アプローチも見直されています。古くは、進化論における「進化」の意味を考える問題がありました。進化は DNA のどのレベル（階層）を指すのかとか、ミトコンドリアは、そうすると進化とは無関係な「生命」にすぎないのか、といった分子生物学的問題から、進化論をスペンサー流の社会科学の見方からとらえる立場もあります。心に関する哲学もアリストテレス以来ありますが、19世紀以降の新しい心理学の興隆の中で、先ほどの統計の意味の問題から（ベイズ統計など、現代心理学に統計処理は不可欠です）、心の実在性、心の機能など、現代脳科学や生理学、認知科学などの知見を認めつつ、そこで取りこぼされた問題を批判的に検討するという課題もあります。

また、そもそも論として科学的な認識を人間社会の中でとらえなおそうという認識論的問題もあります。こうなってくると、科学とは単に自然科学の基礎的問題では収束しなくなります。そもそも科学やそれを使う技術は、人間が自然との間に介在することによって生じます。ですので、社会科学全体を射程に入れた、科学批判などが重要になってきます。

さらに、自然科学だけでなく、経済学を環境思想やメタ的視点から考える経済学の哲学や、歴史学の方法や意義を検討する歴史哲学、人間の根本的価値観や歴史との中で法の起源や適応を考える法の哲学（自然法論）なども、広義には科学哲学になるのです。

おわりに

本章では、科学史な話題についてはあえて論じてきませんでしたが、古代から現代にいたる科学史も重要な科学哲学のトピックです。しかし、18世紀ま

では、この章で述べたように、哲学自体が科学でもありました。ですから哲学史を丹念に学ぶこと、つまり往々にして抽象的な議論で終始してしまう哲学の歴史の中から具体的なテーマを選んで学んでいくことは、実は、科学史の勉強にもなります。

例えば、プラトンのイデア論をピュタゴラス学派のアルケーとしての「数」から、アリストテレス論理学をギリシア幾何学の関係から考察すれば、数学史のトピックがあらわれます。オッカムの論理学を学ぶ中で論理学の変容や論理学史が理解できますし、ライプニッツのモナド論の背景に微分積分学があることに気がつけば、ニュートンらとの関係も理解できてきます。このように、カント以前の哲学者の抽象的知の営みの背景には具体的な科学が連続的に存在しています。カント以降、哲学者が科学者であることが珍しくなっていきますので、ある程度、科学史を別に学ばなければなりませんが、逆にいえば、当時の科学的知見を一切無視したままでの哲学的抽象化は、現代にいたるまで成立していないことを見抜ければ、科学史と哲学の言説との間の関連性は洞察できるのではないでしょうか。

科学と哲学の関係を問うという科学哲学の根本的問いかけが仮象問題かどうかは、まだ答えが出ていません。仮象問題でないとするなら、哲学の存在意義は原理的にあり続けるわけです。

演習問題

1) スキエンティアとそれ以外の認識はどう区別されていたか調べてみましょう。
2) 科学哲学のテーマになりそうな話題を見つけ、どうやったらそれが科学でない仕方で論じられるか、議論してみましょう。
3) 歴史上の有名な哲学者の哲学的言説に潜む科学を探ってみましょう（ヒント：デカルトの心身二元論と数学的世界観の関係など）。

関連文献

伊藤邦武［2011］『経済学の哲学　19世紀経済思想とラスキン』中公新書。
門脇俊介［1996］『現代哲学』産業図書。

グランジェ, G. [2017]『科学の本質と多様性』(松田克進他訳)、クセジュ文庫、白水社。
小林道夫 [1996]『科学哲学』産業図書。
野家啓一 [2015]『科学哲学への招待』ちくま学芸文庫。
藤本忠 [2017]『時間の思想史　双対性としてのフィジカ・メタフィジカ』晃洋書房。

第12章　政治と哲学
社会契約説の系譜

はじめに

　国家ないし政治社会の存在は、ふだんは、ほとんど空気と同じように、あまり意識されていないかもしれません。しかし、たまに外国に行けば、国ごとに法律や制度が異なりますので、国家の存在をひしひしと感じることになります。また、外国に行かずとも、選挙の時期になりますと、選挙の案内通知を手にしつつ、自分が国家（政治社会）の一員であることを再確認することになります。この文章を読んでいるみなさんの多くも、すでに選挙権年齢に達していることでしょう。好もうと好まざると、事実として、わたしたちはどっぷりと政治社会のなかで呼吸しているのです。

　なぜ国家というものがあるのでしょうか。それは自然発生したものでしょうか、それとも、人為（例えば人間同士の契約）によって成立したものでしょうか。また、国家と国民との関係はどのようなものでしょうか（どうあるべきでしょうか）。さらに、政治社会の基本ルールはどのようなものでしょうか（どうあるべきでしょうか）。――これらの問いは、すでに古代ギリシアから論じられており、現代では「政治哲学」と呼ばれる分野を形成しています。本章では、17世紀以後の政治哲学における最大のテーマの1つ「社会契約説」に焦点をあてます。登場する主要な哲学者は、17世紀イギリスのホッブズ（1588-1679）とロック（1632-1704）、18世紀フランスのルソー（1712-1778）、そして20世紀アメリカのロールズ（1921-2002）です。

　本章の読み方について注意点が2つあります。第一に、ホッブズは、宗教

的・神学的な伝統からあえて距離をとって（つまり世俗的に）、国家の存在意義を大胆な手法で理論化した思想家であり、しばしば「近代政治（哲）学の父」と称されています。読者のみなさんは、まずホッブズの理論の概要をしっかりと押さえてください。そうすれば、ホッブズ以後のロックたちの理論は、ホッブズへのリアクションとしてその分理解しやすくなることでしょう。第二に、本章に登場する哲学者たちの思想は、彼らの時代の歴史的動向と濃厚に関係しており、それについてのミニマムな知識なしにはその〈重み〉を感じることができません。周知（のはず）の一例をあげれば、ロックの政治哲学は、イギリス名誉革命の理論的正当化を意図するものとみなされ、さらにはフランス大革命やアメリカ独立戦争に影響をあたえました。本章では紙幅の関係から歴史的動向にはわずかしか言及しませんが、読者は各自で、適宜、ぜひ歴史の教科書や解説書を紐解いてください（本書巻末の年表もじっくりと見てください）。

1　ホッブズ

価値の相対主義

　ホッブズは唯物論者であり、心身二元論をとるデカルトと激しい論争もしました（この興味深い論争は『省察』の付録でじっくりと確認できます）。ホッブズによると、心的活動は脳内の微細運動にほかなりません。情念ももちろん心的活動の一種ですが、それは、〈対象から感覚器官を経由して脳にまで伝わった刺激に対する反作用〉として定義されます。

　情念は 2 つに大別されます。すなわち、感覚器官を刺激する対象に接近しようとする（いわばプラスの）情念と、それを回避しようとする（マイナスの）情念とです。前者は、「欲求」「欲望」「愛」と呼ばれます（これらの名称は交換可能です）。後者は、「嫌悪」「憎しみ」と呼ばれます。例えば、果物から感覚器官を経由して脳に達した刺激に対するプラスの情念が「欲求」であり、毒ヘビから脳への刺激に対するマイナスの情念が「嫌悪」です。

　以上を前提として、ホッブズは善を欲求・欲望・愛の対象として、また、悪

ホッブズ

を嫌悪・憎しみの対象として定義します。この定義は単純明快ですが、重要な帰結をもたらします。というのも、人によって好き嫌いは異なるので(果物が嫌いな人もいるでしょうし、毒ヘビが好きな人もいるでしょう)、そのような定義からは、人によって善悪も異なるという価値の相対主義(主観主義)が導かれるのです。

自然状態についての思考実験

　ここから、ホッブズの政治哲学の中身に入ってゆきます。ホッブズの当面の目論見は、以上に見たような価値の相対主義を認めつつも、国家——ホッブズが好む表現では「コモンウェルス」——が万人にとって善である、すなわち、国家が共通善である、ということを〈論証〉することです。一見すると、価値の相対主義は、そのような〈論証〉にとって非常に大きな障壁であるように思われます。なぜならば、なるほど国家から利益を受け取っている人はそれを欲求し、その人にとっては国家は善でしょうが、他方、国家から不利益をこうむっている人(例えば重税を搾り取られている人)はそれを嫌悪し、その人にとっては国家は悪だ、ということになるからです。ここでホッブズは、極めて巧妙な——アクロバティックとさえ言い得るような——議論を展開します。すなわち、彼は、もしも国家がまったくなくなってしまったらわたしたちの生活はどうなるか、という思考実験へと読者をいざないます。国家がまったくないというのは、中央・地方の行政府のみならず一切の警察組織も法制度も跡形もないということであり、そのような状態をホッブズは「自然状態」と呼びます。要するに、ホッブズは読者に、〈自然状態におけるあなたの生活はいかなるものであろうか〉と問いかけるのです。

　ホッブズによると、人間は、第一に、常に自己保存を追い求める、徹底的に利己的な存在であり、第二に、身体および精神の能力において大差がなく、その意味で平等であり、それゆえに相互にあなどりがたい競争者(ライバル)となり得ます。それゆえに、人間は、自然状態においては、食糧などの有限な生

活資源（リソース）をめぐって闘争し、状況によっては殺害しあうことになるはずだとされます。このような事態をホッブズは、「万人の万人に対する戦争」と表現します。しかも、彼によると、自然状態においては法制度がまったくないのみならず、各人が自己保存の努力をすることは人間本性に由来する必然的な（＝抑えようのない）事象ですから、各人は（殺人であれ略奪であれ）生きるためにはどんなことをする権利も持っています。これが彼の言う「自然権」です。

自然法と社会契約

このようにホッブズが描き込む自然状態は、極めて過酷なものです。「何よりも悪いことに、絶えざる恐怖と、暴力による死の危険がある。そこでは人間の生活は孤独で貧しく、きたならしく、残忍で、しかも短い」（『リヴァイアサン』第13章）。少なからぬ読者は、このような思考実験によってある種の恐怖をかき立てられるでしょう（まさにそれがホッブズの狙いです）。そして、そのタイミングでホッブズは、自然状態という苦境から脱するためには、どのような理性的な方策——彼はこれを「自然法」と呼びます——が考えられるだろうか、と畳みかけます。過酷な自然状態を終結させるために最も必要なことは、（自己保存のためには何をやってもよいという意味での）自然権を放棄することを人間同士が約束することです。より具体的には、自己保存のための武力を共通の誰か（第三者）に譲渡し、さらに、その第三者を統治者（主権者）とみなしてそれに服従すると約束することです。ホッブズは、人間同士が交わした、主権者に対する武力譲渡および服従の約束こそが、国家（政治社会）が成立する理由であると主張しました。これが彼の、いわゆる社会契約説です。

ただし、ホッブズの議論には考えてみると不思議なところが多々あります。例えば、自然状態を終結させるためには武力譲渡の約束が確かに〈必要〉だとしても、そのような約束がなぜ〈可能〉なのかが必ずしも明らかではありません。なぜならば、他人が約束をまもる保証がない限り、そのような約束を交わすことははたして、理性が命じる合理的な選択なのか、が分かりにくいからです。要するに、不信（猜疑心）が渦巻く状況において、なぜ武装放棄の約束が

可能なのでしょうか（これは「ホッブズ問題」と呼ばれることがあります）。しかし、ここでは、ホッブズの議論の大きな方向性のみを確認しておきましょう。

　ホッブズの社会契約説の特徴は、それが主権者の絶対性を強調するという点にあります。彼が言う主権者とは、必ずしも王（君主）には限られません。彼は自分の理論が、主権者が一人の場合（君主政）にも、少数者の場合（貴族政）にも、多数者の場合（民主政）にも適用可能だとしています。しかし、これら3つの政体のどれが採られる場合であっても、国民は——非常に例外的な場合をのぞいて——主権者に抵抗したり革命を起こすことは許されません。なぜならば、第一に、社会契約の主要な条項として〈主権者への服従〉が含まれており、第二に、主権者が少々まずい統治を行うにしてもそれは「万人の万人に対する戦争」にくらべればはるかに〈望ましい〉状態であって、死への恐怖が取り除かれているかぎり国民には社会契約を反故にする理屈が成り立たないからです。すなわち、ホッブズの理論は、悪政や失政に対する抵抗権ないし革命権というものがほとんど正当化され得ないような仕掛けになっているのです。ただし、それでもホッブズは、主権者が統治能力を失った状況（要するに内乱状態）においては国民が主権者に服従しない権利を認めています。なぜならば、その場合もはや政治社会は無くなっており、自然状態が復活しているからです。ホッブズは国家を、旧約聖書「ヨブ記」に登場する怪獣の名前を借りて「リヴァイアサン」と呼び、その絶対性を強調しましたが、他方で、国家が〈死〉に至りうることも認めていました。彼にとっても、国家は決して不死なる神ではなかったのです。

3　ロック

新たな自然状態論

　ホッブズが『リヴァイアサン』を発表した1651年のイギリスは、清教徒（ピューリタン）革命の結果チャールズ1世が処刑されてからわずか2年後で、近世以降のイギリス史のなかで非常にめずらしい共和政の時代でした。その9年

後の 1660 年、スチュアート朝が復帰します（王政復古）。イギリスはまさに政治的激動の時代でした。

1688 年、議会と鋭く対立していた国王ジェームズ 2 世（チャールズ 1 世の息子）が議会派によって国外追放されます。「名誉革命」です。ロックの政治哲学の主著『統治論』はその翌年 1689 年の出版です。ホッブズが正当化しなかった（できなかった）革命権を正当化する、というまさにそのことがロックの最大の政治哲学的ミッションでした。

ロック

ホッブズが主権者の絶対性を主張するときの論拠は、明らかに、自然状態の悲惨さに存しました。ロックはこれを切り崩します。言い換えれば、ホッブズとロックの政治哲学の根本的差異は、自然状態についての彼らの理解に存します。ロックによると、自然状態においても人間たちは、決して、利己的衝動に駆られて殺人や略奪に明け暮れるわけではありません。なぜならば、人間は、理性の力によって、神が人間にあたえたもろもろの自然法——例えば、殺すな、盗むな、独り占めするな、という法——を認識し、それら自然法がほぼ守られているからです。その意味で、ロックが描く自然状態は概して平和な状態であり、人間たちは一定の社交性・協調性のもとで生活しているのです。しかし他方で、ロックも（ホッブズと同様に）社会契約によって政治社会が成立した、という立場を採ります。それゆえ問題となるのは、自然状態がもともと概して平和な状態であったにもかかわらず、なぜ人びとはわざわざ社会契約を取り交わす必要が生じたのか、ということです。この問題に対して、ロックは『統治論』第 2 篇において、財産の私有化、農業の発明、貨幣の導入、貧富差の拡大といった道具立てを用いつつ、きわめて精妙（そして今では古典的）な議論を展開します。

革命権の正当化

ロックによると、個人の最も根本的な私有物はその人の身体であり、また、

自然物にその人の身体による労働が加わったもの——例えば採集された木の実、開墾された土地——もその人の私有物となります（この議論には労働価値説の萌芽があります）。このようにして土地の私有が始まります。その後、農業が発明されると、勤勉の差や土地の豊かさの差ゆえに、貧富の差も生じます。もちろん、多量の農作物を蓄えたところでそれが腐ってしまえば無意味ですが、この問題を解決するために、人びとは腐らない金・銀を貨幣として導入し、これによって貧富差が拡大することになります。そうなると、現実問題として、他人の所有権を侵害する一部の不心得者が出てきます。もちろん、自然法がすでに厳とありますので、違反行為に対しては被害者がそのつど処罰する権利を有するのですが、そのようなやり方は無秩序状態を引き起こしかねません。それゆえ人びとは、生命や財産を安定的に保全するために、社会契約（原始契約）を結ぶことで、自然法の執行——とりわけ不正行為者の処罰——を公共の手（統治者）に委ねました。そして、統治者は、民衆の権力の代行者として、立法府や行政府などを整備しました。これが政治社会の成立です。統治者の数については、一人の場合（君主政）、少数者の場合（貴族政）、多数者の場合（民主政）がありますが、いずれにせよ統治者は民衆の権力の代行者にすぎず、絶対王政は認められません。

　ホッブズとロックの社会契約説を比較すると、社会契約によって自然状態が国家（政治社会）へと移行する、というパターンは共通していますが、自然状態のとらえ方がまったく異なっていることが明らかです。そして、自然状態をホッブズのように過酷な殺し合いとして設定すると、たいていの圧政も自然状態よりは〈まし〉でしょうから、圧政的な統治者に抵抗する大義名分が立ちませんが、自然状態をロックのように（不正行為者がいるとはいえ）比較的平和な共同生活として設定すると、自然状態のほうが圧政よりも〈まし〉だということになるので、統治者をとりかえる権利——すなわち革命権——が当然認められることになります。ロックの言葉を用いれば、統治者が長期にわたって悪政を行うとき、国民が「統治が樹立されたときの目的を、自分たちのために確保してくれそうな人びとの手に支配権を移そうとするのは、別に不思議なことでは

ない」(『統治論』第2篇第19章)。——この「別に不思議なことではない」ことが1688年のイギリスで起こった、とロックは言いたいのです。

3　ルソー

第三の自然状態論

　社会契約説というのは、国家の由来を人間同士の約束に認める立場です。これは、国家が人為によってできたという考え方です。もちろん、これとは別の考え方も可能です。ロック以後のイギリス経験論を代表する哲学者のひとり、ヒュームによると、政治社会の起源は、人びとがそれについていだく「利益の感覚」にある、とされます。考えてみてください。経済を発展させたり治安を維持したり娯楽を享受したりするためには、国家が存在するほうが好都合でしょうか、それとも国家など存在しない方が好都合でしょうか。——もちろん国家の中身にもよるのですが、わたしたちが快適に暮らすためにはある程度の政治的秩序がある方が有利なことは、感覚的に納得しやすいでしょう。ヒュームは、まさにこの「利益の感覚」ゆえに人びとは、明示的な約束によってではなく暗黙理の合意（彼はこれを「コンヴェンション」と呼びます）によって政治社会を徐々に形成してきたのだ、ととらえます。

　ヒュームと同時代のフランス人、ルソーは、大局的に見れば、ホッブズとロックの路線、すなわち社会契約説に回帰します。しかしながら、彼の立場は、ホッブズのそれともロックのそれとも大きく異なります。その相違の要因は多々考えられますが、やはり第一の要因は、ルソー特有の自然状態論にあります。自然状態における人間相互の関係を、ホッブズは敵対関係として、ロックは（一定の）協調関係ととらえました。そのどちらとも異なり、ルソーはそれを、無関心（我関せず）ととらえます。すなわち、ルソーによると、自然人はそもそも他者にほとんど関心をもたず、各人が没交渉のうちに孤独で平和な生活を営んでいたとされるのです。しかも、ルソーはそのような自然人の生活を自由かつ無垢なものとして賛美します。すなわち、ルソーは、自然人が学問や芸術

ルソー

によって毒されていなかったことを強調すると同時に、文明こそが人間性を腐敗させたのだと告発するのです。ちなみに、彼が活躍した18世紀中葉のフランスでは、ブルボン王朝による絶対王政が爛熟期ないし頽廃期をむかえるとともに、極端な奢侈（贅沢）と極端な貧困が共存するという社会矛盾が顕在化していました。ルソーの文明批判には、そのような当時の社会状況に対する激しい非難の気持ちが込められています。

　　ホッブズとルソーの自然状態論は、とりわけ好対照をなします。ホッブズによれば、自然状態は万人にとって極めて過酷なものであり、人びとはそのような共通悪から、社会契約という理性的プロセスを経て共通善としての政治社会へと移行したのだ、とされます。他方、ルソーにとって自然状態はいわば理想郷（ほとんど天国のように描かれます）であって、そもそも人びとは、さまざまな不平等に満ち満ちた政治社会などへと移行すべきではなかったのです。しかし、それでは、なぜ人びとは、理想郷を捨てて不平等社会へと移行したのでしょうか。この問いにルソーは、それは一部の人間の〈欺瞞〉によってである、と『人間不平等起源論』（1755年）において答えます。

　ルソーによると、自然状態においては、階級や身分といった社会的不平等はなく、人間のあいだの隷属関係もなかったのです。しかし、人間たちが偶然の事情や言語の発明などのために少しずつ集団生活を始め出した時点で、一部の人間が、土地に囲いをして「これはおれのものだ」と宣言することを思いつき、そして、他の無垢な人びとがそれを真に受けてしまいました。これが土地私有制の、そして政治社会の始まりだとされます。この「おれのものだ」という宣言には根拠がないので、結局、政治社会のきっかけは一種の〈欺瞞〉ないし〈詐欺〉に存し、仮にそれを「契約」と呼ぶとしても、それはまったく不当（いんちき）なものです。そして、土地所有制が始まったのちに、冶金と農業が発明され、そのため当初の貧富の差（不平等）がますます拡大し、そのうち階級や身分といったものも固定化され、政治社会は、不平等の最終到達点とし

ての専制政治に陥ったのだ、とされます（もちろんルソーは、当時のフランスの状況をそのような専制政治としてとらえていました）。

一般意志にもとづく社会契約

『人間不平等起源論』の7年後の1762年に発表された『社会契約論』において、ルソーは、以上のような経緯で生起して今に至っている政治社会をまったく白紙化したうえで、人びとが改めて社会契約をとり結び、社会的不平等のない政治社会を形成するとすれば、その契約はどのようなものでなければならないか、という問題を論じます。新しい社会契約は、不平等や抑圧が絶対に繰り返されないことを保証するものでなければなりません。ルソーは、そのような保証のためには、人びとは、政治権力を特定の人間（たち）に委託してはならず、自分たち全員からなる共同体に移譲しなければならない（すなわち、人民主権でなければならない）、と考えます。そこで問題になるのは、この「自分たち全員からなる共同体」というのがいったいどのようなものか、です。ルソーはこれを、中世神学に由来する「一般意志」という言葉（これがルソーの政治哲学の最大のキーワードです）を用いて、一般意志によって強固に団結している人民としてとらえます。つまり、新しい唯一正当な社会契約の中身は、各人が（自分を含む）人民とのあいだで結ぶ、〈わたしは人民の一般意志に従う〉というものでなければなりません。それでは、この「一般意志」とはいったい何を意味するのでしょうか。

仮に、あなたが〈将棋好き〉だとします。あなたは「将棋がもっと流行しますように」と思うかもしれません。これは個人的趣味をもとに抱かれる意志であり、ルソーの言葉では「特殊意志」の事例です。特殊意志を個人の生活でいだくことはもちろん自然なことであり、何の問題もありません。他方、あなたが人びとと相談して、政治社会の共通ルール（法）を作るというときに、自分の趣味である〈将棋好き〉を押し出すことはあまりにも偏っているでしょう。例えば「国家の文教予算のうち3割は将棋士育成に使われるべきだ」などという法が極めて偏重的であるのは言うまでもないでしょう。そこで、あなたがこ

のような〈将棋偏重〉を引っ込めるとします。もちろんあなたの特殊事情は〈将棋好き〉といった趣味だけではありません。性別、年齢（世代）、職業、世界観、その他もろもろがあるはずです。ルソーが言っている「一般性」とは、これらさまざまな特殊事情ないし個別的パースペクティヴを抜き去って一般的（＝普遍的）な視点からものごとを判断するときの視座を意味しています。そして、そのような視座から政治社会を構成しようとする意志が、ルソーの言う「一般意志」なのです。

　読者のみなさんのなかでこれまでカントの倫理学を勉強したことのある方は、ここで彼の「定言命法」という言葉を思い出したかもしれません。まさに、ルソーの「一般意志」とカントの「定言命法」とは内容的に深く関連しています。つまり、彼らがこれらの概念で重視しているのは、自己中心性を徹底的に引っ込めた、普遍妥当的な倫理的パースペクティヴということです。カントはそのようなパースペクティヴが実践理性によって可能であると考えました。そして、ルソーは、個々人が政治社会を作りなおすときにそのようなパースペクティヴが登場しなければならない（そうでなければ正当な政治社会は不可能である）と考えたのです。

　ここで、ルソーの有名な言葉を引用しておきます。「社会契約から本質的でないものを取り除くなら、次の言葉に帰着することが分かるだろう。わたしたちの各々は、身体と全ての能力を共同のものとして、一般意志の最高の指揮のもとに置く。それに応じてわたしたちは、団体のなかでの各構成員を、分割不可能な全体として受け入れる」（『社会契約論』第1篇第6章）。ただし、ルソーは、新しい社会契約によって立ち上がった国家が、未来永劫続くというようなオプティミズムは持っていませんでした。彼は、文明（経済や富も含めて）が人間性を退廃させるという例のペシミズムゆえに、国家は当初は繁栄しても、しだいに人民主権が揺らいで結局〈死〉を迎えるだろうとも考えていました。そして、その〈死〉のあとに人民はまた新たな社会契約を結ぶことになろう、という一種の〈循環史観〉に立っていました。──ルソーの『社会契約論』が出版されてから16年後（1778年）にルソーは没し、そして、その11年後（1789年）にフ

第 12 章　政治と哲学　社会契約説の系譜　177

ウーエル『バスティーユ襲撃』

ランス大革命が始まります。

4　ロールズ

功利主義批判

　時代は、20 世紀に移ります。——ロールズは、第二次世界大戦（太平洋戦争）に従軍し、日本が降伏した直後、アメリカ軍の一兵卒として日本に上陸し、終戦直後の日本（広島も含めて）の惨状を目撃しました。ひょっとするとその光景は、彼の心に、ホッブズのペシミスティックな人間観を想起させたのかもしれません。いずれにせよ、アメリカに帰国してのち、ロールズは、20 世紀の政治哲学のステージに社会契約説を復活させるような議論を展開し、それを主著『正義論』（1971年）に結晶化させました。その影響は、今でも甚大です。

　ロールズの当面の敵は、戦後アメリカ社会で優勢だった功利主義でした。功利主義（とりわけミルによって修正された立場）は、決して弱肉強食を安易に許容するものではありませんでしたが、少なくともロールズが批判せねばならぬと考えたタイプの戦後の功利主義は、「アメリカン・ドリーム」の美名のもとで経済的な〈弱肉強食〉を正当化するものでした。すなわち、ロールズは、〈最大多数の最大幸福〉のためならば一部の弱者の存在は認容され得るという考え

を不公正なものとして厳しく批判しようとしたのです。そして、そのために、当時は功利主義の陰にかくれた格好だったホッブズ以来の社会契約説を再び取り上げ、ゲーム理論の成果などを取り込みつつそれに新たに息を吹き込むことで、説得的な政治哲学を展開しました（わたしたちはこのようなロールズの議論展開に、古典的な哲学思想が有する〈時代を超えた〉有効性の事例を見ることができます）。

無知のヴェール

　アメリカは、周知のように、民族や文化が非常に多様な国です。ロールズは、性別・年齢・職業・能力・社会的地位・民族・宗教などの諸属性に関して極めて多様な社会の構成メンバーが、今改めて、社会の基本ルールを策定するとすれば、それはどのようなものになるだろうか、と問います（既存のルールをいったん度外視して新ルールを作るとすればどうなるか、という思考実験のパターンは、まさに社会契約説独特のものです）。そして、ロールズは、議論のきっかけとして、「原初状態」というものを設定します。原初状態とは、構成メンバーの各々が、自分の諸属性について（性別や年齢についてさえ）分からない（情報がない）という仮想状態のことです。自分の諸属性について「無知のヴェール」という目隠しをかけて、自分が何者なのか分からない状態を想像してみるのです。
　そのような状態において、わたしたちはどのようなルールを採択するでしょうか。ここでロールズは、ゲーム理論に出てくる「マクシミン戦略」（別名：ミニマックス戦略）というものを取り上げます。これは、複数の選択肢から１つを選ぶ場合、最小利得を最大化する——いいかえれば、最悪の場合を最大限回避する——戦略のことです。ロールズによると、原初状態（無知のヴェールを掛けた状態）においては、人びとは、マクシミン戦略を採用するという点において一致するはずです。なぜならば、原初状態では各人は社会における自分の立ち位置が分からないのですから、仮に自分が最も不利な立ち位置に立った場合（つまり最小利得の場合）を想定し、その場合の状況が最善であるものを選ぶのが合理的だからです。具体的に考えてみましょう。例えば「X教は禁止」などというルールを決めてしまえば、ひょっとすると無知のヴェールをはずしたと

ころ自分がX教信者だと分かるかもしれず、そうなると苦境に陥ることになります。このことは、Y教、Z教、……についても同様です。それゆえ、マクシミン戦略を採用するならば、「信教の自由」というルールを選択することが合理的だということになります。

正義の原理

以上のような思考実験を経由して、ロールズは、人びとは以下の2つの基本ルール（正義の原理）について合意できるはずだ、と主張します（以下、ロールズの定式化どおりではなく、ポイントを抽出して書きます）。第一は、自由と平等の原理、すなわち各人は一個の人間として自由でありその点で平等である、という原理です。ついさきほど信教の自由について触れましたが、それにとどまらず、思想・言論・集会・結社・居住・移動などの自由、要するに生き方選択の自由は──他者の自由を侵害しないかぎり──最大限に守られねばならない、という原理です。そして第二は、格差是正の原理、すなわち、経済的・社会的な不平等は、社会的格差を是正する手立て──例えば、累進課税や社会福祉政策・教育補助制度──がとられているかぎりにおいてのみ認められる、という原理です。これは、自由競争社会を認めながらも、その結果生まれてくる強者・弱者の格差を決して放任してはならない、という原理です。なぜこれが原初状態においてマクシミン戦略によって採用されるのでしょうか。それは、ロールズによると、自分がはたして自由競争社会において勝者になるか弱者になるか、言い換えれば、自由競争に成功する〈能力〉が自分にあるのかないのか、は無知のヴェールによって遮断されているからです。このことは、ロールズが、各人の〈能力〉──厳密に言えば、その生まれつきの部分（いわゆる才能）や家庭環境に依存している部分──を、性別や民族などと同様に、その人に偶然あたえられた属性としてとらえているということを示しています。まさに、人間の〈能力〉に関するこの直観が、彼の格差是正原理の根っこを支えています。

ロールズ

さて、ロールズの言う原初状態が、ルソーの言う一般意志と、ある意味でとてもよく似ていることに気付いたでしょうか。原初状態では、無知のヴェールゆえに〈自分が何者か〉が分かりませんので、特殊事情をかかえたままの自分にとって有利なルール作りが出来ないことになっています。要するに、原初状態では自己中心性を押し出すことができない（引っ込めざるを得ない）のです。これはまさしく、ルソーが、政治社会の法を定めるにあたっては特殊意志ではなく一般意志に従わなければならないと主張したときに、彼が具体的に考えていた状況に相当します。その意味で、ロールズの『正義論』は、ルソーの『社会契約論』を継承する著作であり、また、わたしたちが『社会契約論』を読解する際の大きな助けともなるのです。

おわりに

本章では、17世紀以降の社会契約説を概観してきましたが、もちろん、これは西洋哲学における政治哲学の——非常に重要な部分であるとはいえ、それでもやはり——ごく一部にすぎません。政治哲学は、古代ギリシアのプラトンやアリストテレスの時代より綿々と、もちろん中世哲学においても、さまざまな角度から論じられてきました。本章で取り上げなかった話題にも少しだけ触れておきましょう。

19世紀のドイツでは、歴史哲学と表裏一体となっている政治哲学が、ヘーゲルとマルクスによって論じられ、多大の影響を及ぼしました。彼らに共通するのは、人類の歴史には目的（ないし最終到達点）がある、という考え方です。ヘーゲルの場合は、歴史の目的とは、全ての人間が自由になることであり、そのような目的達成のために政治社会は、専制君主政から貴族政を経て立憲君主政へと進展してゆくとされました。マルクスも、歴史の目的は万人の自由にあると考えましたが、この自由は生産手段の共有というかたちで初めて成就されるものであって、そのような目的が達成されるために政治社会は、原始的な共同体から出発し、封建主義、ブルジョワ資本主義を経て、最終的に社会主義

（共産主義）に到達しなければならない（到達するはずである）と説きました。

　本章で主題として取り上げた社会契約説の系譜は、その背後に、ヘーゲルやマルクスが構想したような壮大な歴史哲学を備えているわけではありません。むしろ、社会契約説の系譜の特徴は、歴史哲学からはかなり距離をとって、考察の視点を、人と人との約束という場面に集中させるところにあります。みなさんも、日常生活で、いろんな人といろんな約束を交わすでしょう。また、約束がなければそもそもわたしたちの生活は成り立ちません。わたしたちは、いわば〈約束の海〉のなかで（ふだんはその存在にあまり気づかずに）生きています。ホッブズ、ロック、ルソー、ロールズは、まさにこの〈約束の海〉のうちに政治社会の成立根拠を見いだし、それをさまざまな思考実験を駆使して描き出そうと試みた哲学者たちなのです。

演習問題

1) ホッブズが政治哲学を、自分の『哲学原論』の体系の中にどう位置づけているのか、調べてみましょう。
2) ロックの業績が、イギリスの17世紀政治史において果たした歴史的役割について、より詳しく調べてみましょう。
3) ルソーの『社会契約論』がフランスの大革命や日本の自由民権運動にあたえた影響について調べてみましょう。
4) ロールズの格差是正原理にはキリスト教の影響があるといわれることがあります。この観点から、新約聖書「マタイ伝」の「ブドウ園の労働者」という喩え話を考察してみましょう。

関連文献

岩田靖夫［2003］『ヨーロッパ思想入門』岩波ジュニア新書。
内山勝利他編［2007/2008］『哲学の歴史』（5巻）、中央公論新社。
川本隆史［2005］『ロールズ　正義の原理』講談社。
重田園江［2013］『社会契約論　ホッブズ、ヒューム、ルソー、ロールズ』ちくま新書。
柘植尚則［2009］『イギリスのモラリストたち』研究社。
野田又夫［1985］『ロック』講談社。

ホッブズ，Th.［2009］『リヴァイアサン』（永井道雄他訳）、中公クラシックス。
ルソー，J.-J.［2005］『人間不平等起源論　社会契約論』（井上幸治他訳）、中公クラシックス。
ロック，J.［2007］『統治論』（宮川透訳）、中公クラシックス。
ロールズ，J.［2010］『正義論』（川本隆史他訳）、紀伊國屋書店。

第13章　応用倫理学
生活の中に潜む倫理的問題

1　哲学問題化する社会と応用倫理学

当たり前を問い直す

　現代の社会は哲学的問題にあふれています。哲学とは普段当たり前だと考えていることをもう一度考え直して、本当にそれが当たり前なのかどうかを確認する営みだといえます。現代の社会において、わたしたちは否応なくこうした問題の前に立たされています。例えば脳死という問題を考えてみましょう。従来、人が死ぬことは心臓死によって定義されてきました。いわゆる死の3徴候説といわれるものです。心拍の停止、自発呼吸の停止、瞳孔の散大と固定、この3つが人の死を決める要素でした。しかし人工呼吸器などの生命維持装置の開発は、これまでとは異なる死の考え方を呼び起こしました。それが脳死です。脳死の場合、人工呼吸器につながれているとはいえ、まだ呼吸を続けている状態が維持されています。また心拍も停止していません。この状態でもすでに「死んでいる」というのが脳死です。そうすると、脳死は従来の死の定義では説明することができなくなります。そこで、人が「死ぬ」ということがどういうことなのかをあたらめて考え直してみる必要がでてくることになりました。

　もっと身近なところをみてみましょう。わたしたちの生活はさまざまなテクノロジーによって支えられています。通学するために電車に乗り、その間にスマートフォンを使って情報検索を行ったり、TwitterやLINEなどをしたりしているでしょう。こうしたわたしたちの生活は、さまざまな資源を消費することによって成り立っています。しかし資源の消費は、大気汚染や資源の枯渇を

引き起こしたり、また化石燃料の使用によって地球温暖化が生じたりします。もちろんわたしたちはそうした環境の中に、すでに生まれてきていたのであり、それを当然のものとして日々生活を送っています。こうした生活を送り続けることにより、この生活そのものが続けられなくなってしてしまうという皮肉な状況が環境問題だといえます。こうした問題を前にしてわたしたちは、自らのライフスタイルを顧みる必要に迫られています。そしてその見直しの作業は、わたしたちの生活を成り立たせているさまざまなテクノロジーや政治、経済のシステムを見直すことにもつながります。こうした作業を倫理的観点から行うのが応用倫理学です。

応用倫理学の位置づけと諸テーマ

　ここで応用倫理学の位置づけを簡単にみておきましょう。倫理学は伝統的に哲学の一部門と考えられてきました。善さ、生きることやその裏面としての死ぬこと、生きることがただ生物としての生ではなく、社会的動物としての生であるとするなら、さまざまな社会制度など、考察対象は多岐にわたっています。善さや、いかに生きるべきかなどといった問題を扱う分野を倫理学の中でも特に規範倫理学と呼びます。規範倫理学の代表的な理論として、功利主義、義務論、徳倫理学などがあげられます。それに対して倫理学史のように、ある時代にどのような規範が存在していたのかといったことを記録したり、メタ倫理学のように規範倫理学における言語使用の問題を分析したりするような分野を記述的倫理学という場合もあります。応用倫理学は規範倫理学に分類されますが、規範倫理学そのものというよりは、規範倫理学の中で形成された倫理原則を現実の問題に当てはめて一定の結論を導き出すものと考えられています。応用倫理学としては、生命倫理、環境倫理、情報倫理、経営倫理、戦争倫理などといった分野をあげることができます。またテーマとしては、「資本主義とマルクス主義」「所有権と富の再配分」「人種差別」「銃規制」「移民」「世代間正義」「戦争とテロリズム」「人工妊娠中絶」「生殖補助医療技術」「クローニング」などといったものがありますが、これらに尽きるものではありません。

今紹介した位置づけに従って応用倫理学の教科書では、最初に規範倫理学の二大理論（カントの義務論と功利主義）に関する説明がなされた後、個別分野（例えば生命科学分野や環境分野、情報分野、経営分野など）における倫理的問題が紹介されます。次にその問題に関して規範倫理学の原理を適応するとどのような結論が導き出されるかが紹介されていることが一般的です。以下この章では生命倫理の問題と環境倫理の問題を紹介します。

2　日常に潜む倫理的問題——生命倫理から

事例検討（1）

生命倫理の問題を考えるために1つの事例を紹介してみましょう。

　Aさんはある企業に勤めている25歳の女性です。大学入学をきっかけに地元を離れて京都に出てきて、現在も1人暮らしをしています。この春から、希望していた商品開発の部署に配属されることになり、新しい仕事にやりがいを感じているところでした。Aさんが最初にわたしたちの病院にやってきたのは、もしかすると自分が妊娠しているのではないか、という疑問を持ったからです。検査の結果、妊娠8週目ということがわかりました。Aさんには大学時代のサークルの後輩で、仕事の関係で今は姫路に住んでいる2歳年下の彼氏がいます。しかしこの結果を彼氏に伝えるべきかどうか、迷っている様子です。Aさん自身はこの結果がわかるまで、まだ結婚するつもりはまったくありませんでした。彼氏もまた、まだ結婚する気持ちはおそらくなく、2人の間でそのような話が出たことはなかったようです。Aさん自身、いつかは子どもがほしいと漠然と考えていましたが、まさかこんな時期に妊娠するとは思ってもいませんでした。また子どもを育てながら仕事をすることに対する不安もあるようでした。

人工妊娠中絶の現状と法律

　上の事例では出産するという選択肢と、中絶するという選択肢を考えることができるでしょう。そしてどちらの選択肢を選ぶかというところに倫理的問題が生じます。まずは中絶をめぐる日本の状況と法的な問題を確認しておきます。日本では昭和28年から昭和36年までは毎年100万件を超える中絶が行われていました。ところが近年、中絶件数は減少傾向にあり、平成24年には20万件を下回るようになっています。法律を見てみると、日本には一方で中絶を「堕胎の罪」として禁止する刑法が存在します。他方で中絶を可能にするための法律としては、母体保護法が存在します。この法律の中で、どのような場合に中絶が認められているのか、確認しておきます。

> 第十四条　都道府県の区域を単位として設立された公益社団法人たる医師会の指定する医師（以下「指定医師」という。）は、次の各号の一に該当する者に対して、本人及び配偶者の同意を得て、人工妊娠中絶を行うことができる。
> 　一　妊娠の継続又は分娩が身体的又は経済的理由により母体の健康を著しく害するおそれのあるもの
> 　二　暴行若しくは脅迫によつて又は抵抗若しくは拒絶することができない間に姦淫されて妊娠したもの
> 2　前項の同意は、配偶者が知れないとき若しくはその意思を表示することができないとき又は妊娠後に配偶者がなくなつたときには本人の同意だけで足りる。

　この法律によれば、人工妊娠中絶は本人と配偶者の同意があった上で、指定医師が中絶術を行う場合に限られるということです。また中絶を行う理由は身体的理由か経済的理由に限られています。さらに人工妊娠中絶ができる期間は、22週未満とされています。
　こうした規定は世界的に統一されているわけではなく、表13-1のように国

表 13-1 各国の中絶に関するポリシー

国・地域	中絶が認められる法的根拠 (2013)							
	女性の生命を救う	女性の身体的健康を維持する	女性の心理的健康を維持する	レイプや近親相姦の場合	胎児の障がいのため	社会的あるいは経済的理由	リクエストにもとづく	
中　国	○	○	○	○	○	○	○	
日　本	○	○	－	○	－	○	－	
韓　国	○	○	○	○	○	－	－	
アイルランド	○	－	－	－	－	－	－	
フランス	○	○	○	○	○	○	○	
ドイツ	○	○	○	○	○	○	○	

注：「○」印は、その理由で人工妊娠中絶が可能なことを示している。「－」印は、その理由では人工妊娠中絶が認められないことを示している。
出所：World Abortion Plicy 2013 (http://www.un.org/en/development/desa/population/publications/pdf/policy/WorldAbortionPolicies2013/WorldAbortionPolicies2013_WallChart.pdf) から作成。

ごとに相違があります。どうしてこのような相違がうまれるのかを考えてみましょう。例えば、表13-1にあるアイルランドでは、母体（女性）の生命を救うという理由以外での中絶は認められていません。それに対してドイツやフランスでは、表13-1に掲げられている全ての理由で中絶を行うことが許されていることが確認できます。ここには胎児の道徳的地位という倫理的問題が関わっています。

人工妊娠中絶の倫理的問題

胎児の道徳的地位の問題とは、胎児が道徳的（ここでは「倫理的」と同じと考えてください）にどのように扱われるべき存在かという問題です。もしも胎児が成人と同じような道徳的地位をもっているのだとすると、当然胎児には生きる権利が認められます。そしていったんそれが認められるなら、胎児を殺すこと、すなわち中絶することは、胎児の生きる権利を侵害することであり、倫理的に

は認められない行為です。この立場の代表としてキリスト教のカトリックがあります。

　カトリックの立場からはおおよそ次のような推論で中絶を認めることはできないという主張を行っています。(1) 全ての人は生きる権利を持つ。(2) 受精した瞬間から受精卵は人間になる可能性を持っている。(3) 妊娠のどの段階で中絶を行おうと、その行為は人間を殺すことになる。(4) したがって中絶は殺人であり認められない、というものです。胎児に生存権を認めた場合、胎児が母体の生命を奪うような状況では、胎児の生存権と母体の生存権が対立します。こうした場合、必ずしも胎児の生存権だけが優先されるわけではないので、母体の生存権を守ることは認められます。それでは母体の生命を救う以外の場合、中絶はどのような理由で認められるのでしょう。

　中絶という行為を擁護する立場からの議論としては、次のようなものがあります。(1) 確かに受精した瞬間から受精卵は人間になる可能性を持つ。(2) 受精卵や胎児が人間になる可能性を持つとしても、それは成人と同じような権利を持つわけではない。(3) 受精卵や胎児が生存権を持たないのであれば、中絶は倫理的に問題ない。

　この主張の中心に「パーソン論」という議論があります。これはどのような存在であれば生存権を要求できるかという議論です。そしてあるものがあるもの（こと）に関する権利を持つのは、そのものについて明確な概念を持っている場合である、と考えられます。すなわち自らが生きること、あるいは死ぬことについて考えられることが、生存権が認められる条件であるといわれます。そのためにはわたしがわたしであるという自己のアイデンティティーが確立していたり、現在だけでなく、未来に対する感覚があったりすることが必要です。しかしおそらく胎児はそうした状態にはないでしょう。したがって胎児は、生存権を持つことができませんし、中絶が許されると考えられます。いずれの立場にもそれなりの理由があり、一方の立場だけが正しいというわけではないかもしれません。したがってその国の文化や宗教観に応じて、さまざまな規定が作られているというのが現状です。

事例検討（2）

さて、ここでAさんのその後についてみてみることにしましょう。

3週間後、Aさんが病院にやってきました。Aさんが診察室に入ると、医師が「じゃあ、赤ちゃんの生育具合を見るために、エコー検査をしましょうね」

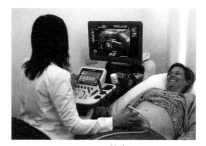

エコー検査

といってAさんに診察台に横になってもらい、エコー検査を行いました。検査の後、画像を見ていた医師が、胎児にダウン症という障がいの可能性があるのではないかとAさんに告げていました。そして医師は彼氏とよく話し合ってこの先どうするか決めてくださいといいました。診察室から廊下へ出たAさんは、待合のベンチに座り込んでしまいました。わたしがAさんに話しかけると、Aさんは「もうどうしたらいいかわからない。まだ彼氏にも話ができていなかった上に、今日の診察結果をきいたら、さらにいえなくなってしまった。いわないといけないのはわかっているのですが、でも、もうこのまま中絶してしまうのも1つの選択肢なのかなって思うのです」と涙を流しながら話してくれました。

選択的中絶の倫理的問題

たんなる中絶ではなく、胎児に異常が見つかった場合に中絶を選択することを選択的中絶といいます。現在の日本では障がいを理由にした中絶は法的には認められていません。ところが、この選択的中絶の件数は年々増えているのではないかという調査が比較的最近になって報告されました。これは出生前診断技術が進歩することによって引き起こされるようになってきた問題だといえるでしょう。出生前診断技術には、Aさんのケースにもあるエコー検査（超音波をあてて、胎児の状態を撮影する）や母体血清マーカーテスト（母体の血液を採取することによって、胎児の障がいの有無を診断する）、羊水検査（母体から羊水を採取するこ

とで胎児の障がいの有無を診断する。ただし、他の検査方法に比べて流産につながる確率が若干高い）などがあります。こうした技術が発達することによって、従来はあまり考える必要のなかった問題を、今や考えざるをえなくなったといえるでしょう。すなわち、子どもの出産を望んでおり、さらに身体的、経済的にそれが可能な状況であるにもかかわらず、中絶を選択するかどうかを考えるケースが登場しました。そしてこの問題は障がいを持つことの意味が問われているといえます。

　歴史的にみると、この問題は19世紀後半に登場した優生学の問題と結び付いています。優生学は、社会の中に優良な子孫を増やすことを目的としており、19世紀の末ごろから20世紀の中ごろまで欧米の国々で取り入れられていた思想でもあります。そしてこうした思想にもとづいて、例えば国家によって、同意なしに障がい者に対して不妊手術を行うなどの処置がとられていました。日本でも国民優生法や優生保護法といった法律のなかで「不良な子孫の出生防止」ということがうたわれていました。現在の選択的中絶の問題は、過去の優生学を想起させます。もちろん以前の優生学は国家が主導で行っていたのに対して、現在の選択的中絶は、あくまでも個人の選択の結果として行われているものであり、その点で決定的に異なっています。現在の問題は、個人の内面に潜む優生学が問題になっているといえるでしょう。なぜ障がいを持たないことは障がいを持つことよりも「よい」といえるのでしょうか。また、障がいを持つことが悪いことだという場合、その原因はその人そのものにあるのでしょうか、それともその人が暮らしている社会のほうに原因があるのでしょうか。選択的中絶の問題は、ただ産むか、産まないかといった個人の決断の問題にとどまらず、むしろ社会全体の問題として、どのような社会が望ましいのかという問題にまで広がっていくでしょう。

　ここでは生命倫理の問題として人工妊娠中絶の問題を取り上げました。生命倫理の問題はもちろんこの人工妊娠中絶の問題に限るわけではなく、例えば安楽死／尊厳死、脳死臓器移植、クローン技術、遺伝子操作などさまざまな問題が存在します。どの問題も医療技術の進歩と切っても切れない問題です。技術

が進歩して、わたしたちの生活の中に深く浸透してくると、これまでできなかったことができるようになるという利点がある一方で、わたしたちがこれまで考えたこともなかったような事態が生じてきて、その問題に対してどのように対応すればよいのか1つひとつ考えていく必要があります。やむことのない技術の進歩は常に新たな問題を提出し、それが倫理的考察のテーマともなっていきます。

3　新たな倫理の要請？——環境倫理から

地球温暖化とエアコンの温度設定

応用倫理学のもう1つの重要な分野である環境倫理について次にみてみることにしましょう。ここでも1つの事例から考えてみましょう。

まだ梅雨が明けておらず蒸し暑い7月のある日、あなたが教室に入ると、その部屋はすごく蒸し暑い状態だったとしましょう。あなたはこんな蒸し暑い中で授業を受けるのはいやだと考え、壁につけられているエアコンのリモコンのところに行き、26℃に設定されていたエアコンの温度をさらに下げようとしました。しかしそのリモコンには、「地球温暖化防止のために冷房時には設定温度は28℃にしてください」と書いてあるのが目に入りました。その時あなたは28℃に設定し直すでしょうか？　それとも設定温度を下げるのをやめて26℃のままにしておくでしょうか？　それともやはり最初の予定通り26℃から設定温度をさらに下げるでしょうか？　わたしたちはなぜ今の蒸し暑さを我慢してまで、エアコンの設定温

エアコンの操作パネル（龍谷大学深草キャンパス2号館409教室）

度を28℃にしなければならないのでしょうか？

ここでは28℃に温度設定をすることの科学的根拠に関しては少し目をつぶり、地球温暖化という問題に関連して、わたしたちにこうした我慢を強いる正当性があるのかということを考えてみたいと思います。

いろいろな議論はありますが、地球温暖化の問題とは、一般的に人間の活動にともなって温室効果ガス（二酸化炭素、メタンなど）が大気中に増えることによって、それがあたかも地球をすっぽりおおう温室のような働きをし、地球の平均気温が上昇するという問題だと考えられています。地球温暖化がどうして問題かといえば、それによって自然災害が頻発するようになったり、あるいは海面上昇によってこれまで住むことができていた島や土地などに人が住めなくなったり、あるいはマラリアなどの感染症が拡大するなどといったことをあげることができます。

世代間倫理

地球温暖化の問題は、資源消費の問題とも密接に関わっています。わたしたちが普段の生活の中で当たり前のように使っている電気の多くは、石油を使うことによって作り出されています。そしてその電気を作り出す過程で、二酸化炭素を大量に排出しています。また、石油は無限にあるわけではなく、使えばなくなっていってしまう資源です。このままのペースで石油を使っていけば、いつかこの地球上から石油がなくなってしまう時がやってくるかもしれません。もちろん、そのときまでに石油に代わる資源が発見されていれば、石油がなくなることはたいした問題ではないかもしれません。

そうでなければ未来の人たちは、今わたしたちが送っているような快適な暮らしを送ることができなくなってしまうかもしれません。したがって、温室効果ガスを増やさないためにも、また資源を使い切ってしまわないためにも、わたしたちは生活の中で省エネルギー化を求められたり、実際にそうした行為を強いられたりすることもあるでしょう。しかし今わたしたちが資源を節約し、暑さを我慢してエアコンの設定温度を28℃にしておいたとして、そのことに

よって生まれるかもしれない恩恵は、わたしたちが受け取るというよりは、おそらく未来の人たちが受け取ることになるでしょう。ここに地球温暖化の倫理的問題の核心があるといえます。それは、現在世代は未来世代に対して何らかの責任ももつかどうかという問題です。その問題のことを世代間倫理や世代間公平性の問題といいます。

相互関係で成り立つ倫理とその限界

一般に伝統的倫理は、行為者と行為を被るものとが互いに関わり合うことができるという前提で議論されていました。しかし世代間倫理の問題では、現在世代と未来世代との間には相互的な関係ではなく、むしろ、一方的な関係しかないと考えられます。エアコンの設定温度の問題に立ち戻ってみましょう。わたしたちが今日、エアコンの設定温度を28℃のまま維持したからといって、明日から地球温暖化の進行がストップするというものではありません。またエアコンの温度を24℃に設定して暮らしているからといって、明日すぐに地球の平均気温が1℃上昇するというわけでもありません。むしろ地球温暖化はもっと長いタイムスパンで考える必要がある問題です。また資源の枯渇についても考えてみましょう。わたしたちの世代で資源を枯渇させないように、省エネルギー化のための努力を払ったとしましょう。そのことによって未来世代の人たちは一定の恩恵を受けるかもしれませんが、わたしたち自身はどのような恩

JR東日本川崎火力発電所

恵も受けられないでしょう。逆に今、わたしたちが石油を全て使ってしまったとしても、タイムマシンでもない限り数百年後に存在するであろう人たちから非難を直接受けることはありません。こうしたことから現在世代と未来世代の間に倫理的関係は成立しないといわれます。

世代間倫理の成立可能性

しかし本当に世代間に倫理的関係は成立しないのでしょうか。次に世代間倫理が成立するのだ、という主張も紹介しておきましょう。

1つ目はシュレーダー゠フレチェットという倫理学者が取り上げて注目を浴びるようになった日本の「恩」という考え方です。例えば「先祖の恩」といった言い方があります。わたしたちが今存在するのは、過去に存在した先祖のおかげです。しかしその先祖はすでに存在しません。先祖の恩に報いるためにわたしたちは過去ではなく、むしろ未来に対して働きかけをすることが求められています。先祖からえたものを、先祖に対してではなく、未来世代に対して返済することで、わたしたちは自らの義務を果たそうとするといえるでしょう。この議論では、相互関係という伝統的な倫理の関係が少し変形させられたかたちで維持されているといえます。

もう1つはヨナスという哲学者の議論です。彼は未来に対する責任と義務を主張します。しかし未来に存在するものとの相互性は成立しないことをみとめ、相互性から自由になった倫理を構想しています。そうした倫理の原型として彼は、子どもに対する責任と義務を取り上げています。子供はさまざまな世話をしてあげなければ生きていくことができません。そして世話をする側は将来の見返りを期待して世話をしているわけではなく、むしろそれは無私の行動であるといいます。そして、こうした自ら自立して存在することができないものからの要求に応える行為こそが責任が本来的な機能を発揮する場であると考えます。彼の未来倫理という構想は、相互性を基盤としてきた伝統的な倫理の枠組みではとらえきれないものです。しかしそれは机上の空論として構築されたわけではなく、むしろ現実の問題が新たな倫理を要請したのだといえ

ます。

　以前の世界では、人間が地球や自然環境にあたえる影響はそれほど大きなものではありませんでした。わたしたちが伝統的に引き継いできた倫理の大半は、そうした時代に培われたものだといえます。しかし現在のように人間が地球環境に大きな影響をあたえるようになると、従来の倫理を維持するだけでは問題を解決することはできないかもしれません。そこで新たな倫理の可能性を考え、自らがどのように行為すべきかをもう一度考えてみる必要があるでしょう。エアコンの設定温度をどのようにするかというごくありふれた日常的なところからでも考えることはできるのです。

4　応用倫理学は倫理学の応用か？

生活の基盤としての科学技術とそれが生み出す問題

　ここまで応用倫理学の2つの分野の問題について概観してきました。いずれの分野においても共通しているのは、現在のわたしたちの生活に密接に結びつき、そしてこれまでは思いもつかなかったような事象が、従来のさまざまな常識を再考するよう促しているということです。そしてそれらの問題は、科学技術や経済システムの急激な発展と、それらがわたしたちの生活の中へ深く浸透することによって引き起こされているといえるでしょう。

　もう一度生命倫理の問題に戻って考えてみましょう。例えば脳死という状態はおそらく過去にもあり得た状態です。しかしそれが必ずしも問題とみなされなかったのは、脳死という状態を維持しておくための技術が存在しなかったからです。さらに、そうした状態の人間から臓器を取り出し、他人の身体に移植するためには、人間の免疫システムに関する理解とそれを制御する薬剤が必要ですが、それもありませんでした。しかし、ひとたび脳死状態を維持する医療技術と免疫システムを抑制する薬剤が開発されると、例えば心臓移植が可能になり、脳死状態は、臓器移植なしには生存することができない人にとっては価値ある状態へと変化します。そのことによって生じてくるのは、例えば「死」

臓器提供意思表示カード（運転免許証裏面）

の概念の再考という問題です。従来は心臓が停止することによって判定されていた死に対して、脳死という状態は、心臓が止まっていない状態でも死を迎えるということになります。従来のままの死の概念を維持するのか、脳死状態を一律に人の死とみなすのか、もしくは心臓死と脳死という2つの死を許容すべきなのかなどといった問題が浮上します。

新たな現実への対応策

科学技術は従来わたしたちにとって不可能であったことを可能にし、新しい現実を作り出します。そうした新たな現実に対して、これまで維持してきた思考の枠組みを単純に当てはめて何らかの解決を導き出すことはできません。わたしたちに差し迫ってきている新たな現実の意味を慎重に考察し、それが従来の枠組みで十分に解決可能なのか、それとも従来の枠組みを変更せざるをえないようなものなのか、もし変更する必要があるのであれば、何を変更すべきなのかということを1つひとつ考えていく必要があるでしょう。したがって、応用倫理学とは、その言葉とは裏腹に、倫理学の応用であるよりは、むしろ現実と理論とを往復しながら思考を紡ぎ出していく作業だといえます。そうした意味で、応用倫理学は、過去および同時代のさまざまな思想家の著作（テキスト）が研究対象であると同時に、この社会そのものも1つのテキストとなります。書かれたテキストの中に思いもよらない発想を見つけたり、思想家の問題提起に惹きつけられたりするように、この社会の中に含まれている倫理的問題を読み取っていくということも応用倫理学の醍醐味です。

もう1つ付け加えなければならないことは、応用倫理学が扱う問題は複合的な問題であるということです。医療問題にしても環境問題にしても、生命科学や生物学、経済学、文化、宗教など多面的な問題です。したがって、現実と理論を往復するだけでなく、諸理論間を横断しつつ考察を進めていく必要もあります。

5　生活の中の応用倫理学

現代社会を生きるためのリテラシーとして

　応用倫理学にとってこの社会が1つのテキストです。わたしたちの生活はその中で営まれています。したがって、応用倫理学の営みを行う人は誰でもテキストの読者であり、同時にそのテキストの登場人物でもあります。

　環境問題を例にとって考えてみましょう。わたしたちがどのような生活を送るかということが環境問題とは無関係ではありません。日々の生活の中でどの程度車に乗り、電力を消費するのか、何を食べるのかといったことの全てが環境問題の一端を担っているのです。すなわち、環境問題を考えるためには、自分の生活を振り返って見つめ直すことが必要です。これはなにも環境問題に限ったことではありません。例えば1970年代半ばを境にして、日本人が死ぬ場所は自宅から病院へと転換しており、現在では8割近い人が病院で亡くなり、自宅で亡くなる人は1割程度です。また出生場所については病院、診療所、助産所などの施設での出生がほぼ100％に達しています。したがってわたしたちの生や死そのものがすでに医療と無関係には成立しない問題なのです。そうすると医療問題を考えるといっても、それはわたしたちとは無縁のどこかで行われている営みについて考えるというよりは、やはりわたしたちがどのように生まれ、そして生を営み、死ぬかという問題とつながっているのです。したがって、応用倫理学の問題は誰もが考えざるをえない問題だといえます。

半歩退いて考える

　それでは、応用倫理学の問題を考えるとして、どのように考えればいいのでしょうか。倫理的問題が問題として取り上げられる場合、そこには諸価値の対立という構図があることを見て取ることができます。この章でみてきた人工妊娠中絶の問題であれば、胎児の生存権と母体の生存権の対立といった図式を見いだすことができます。また、環境倫理の問題では、現在世代と未来世代との

間での利害の衝突という問題を見いだすでしょう。そしてそうした対立を、離れたところから眺めていることはできず、むしろ利害関係の当事者としてわたしたちは社会の中に存在しているのです。その際、いったいそこで何が問題になっているのかを明確に指摘し、価値の対立を調停するためには、半歩ほど退いたところでいったん立ち止まりながら冷静にその問題について考察してみることも必要でしょう。そのことによって、自らがもっている価値観や思考の枠組みをいったん相対化し、価値の対立が生じている現実的な問題に対して、その枠組みがそのまま適用できるのか、それとも枠組みを変更させる必要があるのかということもみえてくるはずです。この半歩退くというところに応用倫理学の学問としての足場があります。

おわりに

　ここまで哲学の一部門としてはごく最近成立した応用倫理学について概観してきました。繰り返し述べてきたように応用倫理学が対象としている諸問題は現実の社会の中に含まれている事柄です。哲学や倫理学に対する一般的な理解としては、何か抽象的で、現実的な問題とは無関係なところで営まれている活動のように思われているかもしれません。しかし応用倫理学は、そうした哲学や倫理学のありかたに一石を投じたといってもよいでしょう。そしてわたしたちが生きる社会の中にこそ問題が潜んでいることにもう一度目を向けさせたといえます。ただし、それをどのように取り出し、そしてどのような問題として定式化するかという点においては、過去の倫理学諸理論が1つの参照枠になります。もちろんその枠組みに問題が全て回収されてしまうわけでもないかもしれません。問題が生じている状況や、その問題そのものがもっている新しさなどにも注目しながら、そして新たな問題を提起しながら、その問題を考察し、解決するための方策を考えていくことが応用倫理学の役割であるといえるでしょう。

演習問題

1) 現代の社会の中にどのような倫理的問題が潜んでいるか、考えてみましょう。
2) あなたがもっている運転免許証や保険証の裏には臓器提供の意思表示ができる欄があります。あなたはその欄にどのような記入をするでしょうか？
3) 本文中の事例のAさんの立場であれば、人工妊娠中絶についてどのような決断をするか考えてみましょう。
4) わたしたちは未来世代に対して何らかの責任を負っているといえるでしょうか、またそれはなぜでしょうか。

関連文献

江口聡編［2011］『妊娠中絶の生命倫理』勁草書房。
奥田太郎［2012］『倫理学という構え　応用倫理学原論』ナカニシヤ出版。
加藤尚武［1991］『環境倫理学のすすめ』丸善。
鬼頭秀一他編［2009］『環境倫理学』東京大学出版会。
シュレーダー＝フレチェット，K. 編［1993］『環境の倫理（上）』（京都生命倫理研究会訳）、晃洋書房。
ジョンセン，R. A.［2009］『生命倫理学の誕生』（細見博志訳）、勁草書房。
ヨナス，H.［2000］『責任という原理　科学技術文明のための倫理学の試み』（加藤尚武監訳）、東信堂。

哲 学 年 表

「B.C.」は紀元前のことで、Before Christ の略。「A.D.」は紀元後のことで、Anno Domini（＝in the year of our Lord）の略。「世紀」は 100 年単位での時代区画のこと。例えば 20 世紀は 1901 年から 2000 年までの 100 年間を指す。

古　代

哲学者とその著作	周囲の出来事
B. C.	
	8 世紀　ホメロス、ヘシオドスの時代とされる
624 ごろ　タレス誕生（〜546 ごろ）	
610 ごろ　アナクシマンドロス誕生 　　　　　（〜540 ごろ） 　　　　　『自然について』（断片が残存）	
546 ごろ　アナクシメネスが盛年（40 歳）	
515 ごろ　パルメニデス誕生（〜450 ごろ） 　　　　　『自然について』（断片が残存）	
500 ごろ　ヘラクレイトスが盛年 　　　　　『自然について』（断片が残存）	
	490　第一次ペルシア戦争
	480　第二次ペルシア戦争
469 ごろ　ソクラテス誕生（〜399）	
	451　アテナイでペリクレスにより市民権法が成立
	431　ペロポネソス戦争（〜404）
427　プラトン誕生（〜347） 　　　『ソクラテスの弁明』『国家』	
399　ソクラテスが処刑される	
384　アリストテレス誕生（〜322） 　　　『自然学』『形而上学』 　　　『ニコマコス倫理学』	387　プラトンが学園アカデメイアを創設
341　エピクロス誕生（〜270） 　　　『主要教説』『自然について』	
335 ごろ　ストア派の祖ゼノン誕生 　　　　　（〜263 ごろ）	336　アレクサンドロス 3 世がマケドニア王に即位

哲学者とその著作	周囲の出来事
	335 アリストテレスが学園リュケイオンを創設
	323 アレクサンドロス3世没、ヘレニズム時代のはじまり（～B.C. 30）
	272 ローマによるイタリア半島の統一
106 キケロ誕生（～前43） 『善と悪の究極について』	
	86 ローマによるアテナイの占拠
A. D.	
	4ごろ イエス誕生（～30ごろ）

古代末期から中世

哲学者とその著作	周囲の出来事
205ごろ 新プラトン主義の祖プロティノス誕生（～270） 『エンネアデス』	
354 アウグスティヌス誕生（～430） 『告白』『神の国』	313 ミラノ勅令（ローマ帝国でのキリスト教の公認） 395 ローマ帝国の東西分裂
	476 西ローマ帝国滅亡
	529 東ローマ帝国によるアカデメイアの閉鎖
1033ごろ アンセルムス誕生（～1109） 『プロスロギオン』	1079 アベラール誕生（～1142） 1088 ボローニャ大学創立 1096 第1回十字軍（～99）
1225ごろ トマス・アクィナス誕生（～1274） 『対異教徒大全』『神学大全』	1150 このころパリ大学創立 1194 シャルトルの大聖堂の建造（～1260） 1219 チンギス・ハンの西方遠征（～25） 1265 ダンテ誕生（～1321） 1265ごろ ドゥンス・スコトゥス誕生（～1308）
1285ごろ ウィリアム・オッカム誕生（～1347） 『『命題集』注解（オルディナティオ）』『自由討論集』	1271 マルコ・ポーロの東方旅行（～95）

	1452 レオナルド・ダ・ヴィンチ誕生（～1519）
	1453 東ローマ帝国の滅亡

近世から近代初頭

哲学者とその著作	周囲の出来事
	1517 ルター（独）宗教改革を提唱
1588 ホッブズ（英）誕生（～1679） 『リヴァイアサン』	1558 エリザベス朝（～1603）、このころシェークスピア（英）活躍
1596 デカルト（仏）誕生（～1650） 『方法序説』『省察』『情念論』	
	1618 30年戦争（～48）
1623 パスカル（仏）誕生（～62） 『パンセ』	
1632 ロック（英）誕生（～1704） 『統治二論』	1633 ガリレイ（伊）の宗教裁判
スピノザ（蘭）誕生（～77） 『エチカ』	
1638 マルブランシュ（仏）誕生（～1715） 『真理の探究』	1638 ルイ14世（仏）誕生（～1715）、絶対王朝
1646 ライプニッツ（独）誕生（～1716） 『モナドロジー』	1641 英 清教徒革命（～49）
	1642 ニュートン（英）誕生（～1727）
1685 バークリ（英）誕生（～1753） 『人知原理論』	1680 ライプニッツ、微分法を発見
	1688 英 名誉革命（～89）
1712 ルソー（仏）誕生（～78） 『社会契約論』	フリードリヒ2世（独）誕生（～86）、啓蒙時代
1724 カント（独）誕生（～1804） 『純粋理性批判』『実践理性批判』 『人倫の形而上学の基礎づけ』	1727 バッハ（独）「マタイ受難曲」初演
	1749 ゲーテ（独）誕生（～1832）
	1753 大英博物館創立
1762 フィヒテ（独）誕生（～1814） 『知識学』	
1770 ヘーゲル（独）誕生（～1831） 『精神現象学』	ベートーヴェン（独）誕生（～1827）
1775 シェリング（独）誕生（～1854） 『人間的自由の本質』	1776 アメリカ独立宣言

1788	ショーペンハウアー（独）誕生（～1860）『意志と表象としての世界』	1789	フランス革命（～99）
1806	ミル（英）誕生（～73）『自由論』『功利主義論』		
1813	キルケゴール（デンマーク）誕生（～55）『死にいたる病』	1812	ナポレオン（仏）、ロシアで敗退
		1814	ウィーン会議
1818	マルクス（独）誕生（～83）『資本論』		
		1821	ドストエフスキー（露）誕生（～81）
		1824	ベートーヴェン「第9」初演
1832	ベンサム（英）没（1748～）『道徳および立法の諸原理序説』	1830	仏 7月革命
		1835	アンデルセン（デンマーク）『即興詩人』
		1837	ファラデー（英）電磁気理論
1839	パース（米）誕生（～1914）『連続性の哲学』	1840	アヘン戦争（～42）

近代初頭から現代

	哲学者とその著作		周囲の出来事
1842	ジェイムズ（米）誕生（～1910）『宗教的経験の諸相』『プラグマティズム』		
1844	ニーチェ（独）誕生（～1900)『ツァラトゥストラ』	1848	フレーゲ（独）誕生（～1925）『算術の基礎』
1859	フッサール（独）誕生（～1938）『イデーン』	1853	クリミア戦争（～56）
		1856	フロイト（墺）誕生（～1939）
	ベルクソン（仏）誕生（～1941）『時間と自由』	1859	ダーウィン（英）『種の起源』
	デューイ（米）誕生（～1952）『哲学の改造』		
		1867	マルクス『資本論』
		1868	明治維新
		1870	プロイセン・フランス戦争（～71）
1872	ラッセル（英）誕生（～1970）『西洋哲学史』	1871	ドイツ統一
		1873	トルストイ（露）『アンナ・カレーニナ』
		1877	ロシア・トルコ戦争（～78）

		1879	アインシュタイン（独）誕生（～1955） ケインズ（英）誕生（～1946） 大日本帝国憲法制定
1883	ヤスパース（独）誕生（～1969） 『哲学』		
1889	ウィトゲンシュタイン（墺）誕生（～1951） 『論理哲学論考』『哲学探究』 ハイデッガー（独）誕生（～1976） 『存在と時間』		
		1894	日清戦争（～95）、露仏同盟
1903	アドルノ（独）誕生（～69） 『啓蒙の弁証法』『否定弁証法』	1902	日英同盟
		1904	日露戦争（～05）
1905	サルトル（仏）誕生（～80） 『実存主義とは何か』『存在と無』		アインシュタイン特殊相対性理論
1908	メルロ・ポンティ（仏）誕生（～61） 『知覚の現象学』		
	クワイン（米）誕生（～2000） 『ことばと対象』		
1917	デイヴィドソン（米）誕生（～2003） 『行為と出来事』	1911	西田幾太郎『善の研究』
		1914	第一次世界大戦（～18）
		1916	フロイト『精神分析学入門』
		1917	露　2月革命
		1919	ヴェルサイユ条約
1928	チョムスキー（米）誕生（～　） 『言語と精神』	1922	ソビエト連邦誕生（～1991）
		1928	イタリア、ファシスト独裁法 世界大恐慌
1929	マッキンタイアー（米）誕生（～　） 『西洋倫理学史』『美徳なき時代』		
1931	テイラー（カナダ）誕生（～　） 『今日の宗教の諸相』	1931	満州事変
		1933	ヒトラー内閣成立
		1937	和辻哲郎『倫理学』
		1939	第二次世界大戦（～45）
		1945	ヤルタ会談
		1948	世界人権宣言
		1949	NATO成立
		1950	朝鮮戦争勃発
1953	サンデル（米）誕生（～　） 『公共哲学』『これからの「正義」の話をしよう』	1951	サンフランシスコ講和会議、日本独立

哲学関連白地図

ヨーロッパ全体

西ヨーロッパ

北 米

関連文献一覧

麻生博之他編［2006］『哲学の問題群』ナカニシヤ出版。
アリストテレス［1959/1961］『形而上学』(出隆訳)、岩波文庫。
アリストテレス［2002］『ニコマコス倫理学』(朴一功訳)、京都大学学術出版会。
飯田隆他編［2008］『岩波講座　哲学13　宗教／超越の哲学』岩波書店。
池内了［2008］『疑似科学入門』岩波新書。
泉谷周三郎［1988］『ヒューム』清水書院。
石川文康［1995］『カント入門』ちくま新書。
一ノ瀬正樹［2016］『英米哲学史講義』ちくま学芸文庫。
伊藤邦武［2011］『経済学の哲学　19世紀経済思想とラスキン』中公新書。
伊藤邦武［2012］『物語　哲学の歴史　自分と世界を考えるために』中公新書。
稲垣良典［1979］『トマス・アクィナス』勁草書房。
稲垣良典［1999］『トマス・アクィナス』講談社学術文庫。
稲垣良典［2009］『トマス・アクィナス『神学大全』』講談社。
今道友信［1973］『美について』講談社現代新書。
岩田靖夫［2003］『ヨーロッパ思想入門』岩波ジュニア新書。
ウィルズ，G.［2002］『アウグスティヌス』(志渡岡理恵訳)、岩波書店。
上枝美典［2007］『「神」という謎 [第2版]』世界思想社。
内山勝利他編著［1996］『西洋哲学史　古代中世編　フィロソフィアの源流と伝統』ミネルヴァ書房。
内山勝利他編［1997/1998］『ソクラテス以前哲学者断片集』(内山勝利他編訳)、岩波書店。
内山勝利他編［2007/2008］『哲学の歴史』(1～12巻及び別巻)、中央公論新社。
江口聡編［2011］『妊娠中絶の生命倫理』勁草書房。
大庭健［2006］『善と悪　倫理学への招待』岩波新書。
奥田太郎［2012］『倫理学という構え　応用倫理学原論』ナカニシヤ出版。
加藤和哉［2007］「トマス・アクィナスの至福論とアリストテレス」『聖心女子大学論叢』109。
加藤尚武［1991］『環境倫理学のすすめ』丸善。
門脇俊介［1996］『現代哲学』産業図書。
河合隼雄他編［1993］『岩波講座　宗教と科学2　歴史のなかの宗教と科学』岩波書店。
川本隆史［2005］『ロールズ　正義の原理』講談社。
木田直人［2009］『ものはなぜ見えるのか　マルブランシュの自然的判断理論』中公新書。

鬼頭秀一他編［2009］『環境倫理学』東京大学出版会。
工藤綏夫［1966］『キルケゴール』清水書院。
グランジェ，G.［2017］『科学の本質と多様性』（松田克進他訳）、クセジュ文庫、白水社。
グロンダン，J.［2015］『宗教哲学』（越後圭一訳）、クセジュ文庫、白水社。
小林道夫［1996］『科学哲学』産業図書。
小林道夫［2009］『科学の世界と心の哲学　心は科学で解明できるのか』中公新書。
小山慶太［2003］『科学史年表』中公新書。
佐々木健一［2004］『美学への招待』中公新書。
佐藤康邦［2012］『近代哲学の人間像』放送大学教育振興会。
佐藤康邦他編著［2010］『西洋哲学の誕生』放送大学教育振興会。
サルトル，J. P.［1996］『実存主義とは何か』（伊吹武彦他訳）、人文書院。
沢田和夫［1969］『トマス・アクィナス研究　法と倫理と宗教的現実』南窓社。
サンデル，M.［2011］『これからの「正義」の話をしよう　いまを生き延びるための哲学』（鬼澤忍訳）、ハヤカワ・ノンフィクション文庫。
重田園江［2013］『社会契約論　ホッブズ、ヒューム、ルソー、ロールズ』ちくま新書。
島薗進［2008］『宗教学の名著30』ちくま新書。
シュレーダー＝フレチェット，K. 編［1993］『環境の倫理（上）』（京都生命倫理研究会訳）、晃洋書房。
ジョノー，É.［1964］『ヨーロッパ中世の哲学』（二宮敬訳）、クセジュ文庫、白水社。
ジョンセン，R. A.［2009］『生命倫理学の誕生』（細見博志訳）、勁草書房。
ジルソン，É. 他［1981］『アウグスティヌスとトマス・アクィナス』（服部英次郎他訳）、みすず書房。
「世界の歴史」編集委員会編［2009］『新　もういちど読む山川　世界史』山川出版社。
タロン＝ユゴン，C.［2015］『美学への手引き』（上村博訳）、クセジュ文庫、白水社。
柘植尚則［2009］『イギリスのモラリストたち』研究社。
ディオゲネス・ラエルティオス［1984-1994］『ギリシア哲学者列伝』（加来彰俊訳）、岩波文庫。
ディクソン，Th.［2013］『科学と宗教』（中村圭志訳）、丸善出版。
テイラー，Ch.［2009］『今日の宗教の諸相』（伊藤邦武他訳）、岩波書店。
テイラー，Ch. 他編［2011］『多文化社会ケベックの挑戦　文化的差異に関する調和の実践　ブシャール＝テイラー報告』（竹中豊他訳）、明石書店。
出村和彦［2017］『アウグスティヌス　「心」の哲学者』岩波新書。
中川純男他編［2005］『中世哲学を学ぶ人のために』世界思想社。

新田孝彦［1993］『カントと自由の問題』北海道大学図書刊行会。
新田孝彦［2000］『入門講義　倫理学の視座』世界思想社。
野家啓一［2015］『科学哲学への招待』ちくま学芸文庫。
野田又夫［1985］『ロック』講談社。
野田又夫［2017］『西洋哲学史　ルネサンスから現代まで』ちくま学芸文庫。
量義治［2005］『西洋近世哲学史』講談社学術文庫。
服部英次郎［1976］『西洋古代中世哲学史』ミネルヴァ書房。
服部英次郎［1980］『アウグスティヌス』勁草書房。
ヒック，J.［1994］『宗教の哲学』（間瀬啓充他訳）、勁草書房。
廣川洋一［1997］『ソクラテス以前の哲学者』講談社学術文庫。
ファン・ステンベルゲン，F.［1990］『トマス哲学入門』（稲垣良典他訳）、クセジュ文庫、白水社。
藤本忠［2017］『時間の思想史　双対性としてのフィジカ・メタフィジカ』晃洋書房。
プラトン［2012］『ソクラテスの弁明』（納冨信留訳）、光文社古典新訳文庫。
プリンチペ，L. M.［2014］『科学革命』（菅谷暁他訳）、丸善出版。
ホッブズ，Th.［2009］『リヴァイアサン』（永井道雄他訳）、中公クラシックス。
マクグラス，A. E.［2008］『総説　キリスト教』（本多峰子訳）、キリスト新聞社。
マクグレイド，A. S. 編［2012］『中世の哲学　ケンブリッジ・コンパニオン』（川添信介監訳）、京都大学学術出版会。
宮谷宣史［2004］『アウグスティヌス』講談社学術文庫。
山我哲雄［2014］『キリスト教入門』岩波ジュニア新書。
山本芳久［2017］『トマス・アクィナス　理性と神秘』岩波新書。
ヨナス，H.［2000］『責任という原理　科学技術文明のための倫理学の試み』（加藤尚武監訳）、東信堂。
リーゼンフーバー，K.［2000］『西洋古代・中世哲学史』（矢玉俊彦他執筆協力）、平凡社ライブラリー。
リーゼンフーバー，K.［2003］『中世思想史』（村井則夫訳）、平凡社ライブラリー。
ルソー，J.-J.［2005］『人間不平等起源論　社会契約論』（井上幸治他訳）、中公クラシックス。
レイチェルズ，J.［2003］『現実をみつめる道徳哲学　安楽死からフェミニズムまで』（古牧徳生他訳）、晃洋書房。
ロールズ，J.［2010］『正義論』（川本隆史他訳）、紀伊國屋書店。
ロック，J.［2007］『統治論』（宮川透訳）、中公クラシックス。

画像クレジット

マッキンタイアー（第8章）　撮影：Sean O'connor.

テイラー（第8章）　撮影：Makhanets.

エコー検査（第13章）　著作権者：Ricmart 01.

エアコンの操作パネル（第13章）　撮影：紀平知樹。

JR東日本川崎火力発電所（第13章）　撮影：多摩に暇人。

人名索引

索引では多くの哲学者の名前をフルネームで記載しています．学習上の参考にしてください．

〈ア 行〉

アウグスティヌス　25, 81
アドルノ，テオドール・W.　45
アナクシマンドロス　17-20
アナクシメネス　17-20
アリストテレス　11-18, 27, 35, 60, 67-69, 75, 115
アンセルムス　25, 41
イエス　23
ウィトゲンシュタイン，ルートウィッヒ　54-58, 154
エピクロス　70
オッカム，ウィリアム　29

〈カ 行〉

ガリレイ，ガリレオ　37, 115
カント，イマヌエル　39, 86, 101, 102, 117, 120, 123, 136-138, 140, 141
キケロ　60
キルケゴール，セーレン　43, 123, 125
クセノパネス　20
ケプラー，ヨハネス　37
ゴッホ，フィンセント・ファン　135
コント，オーギュスト　157

〈サ 行〉

サルトル，ジャン＝ポール　97, 103-106, 149
サンデル，マイケル　106
ジェイムズ，ウィリアム　123, 127
シェーラー，マックス　96
シェリング，フリードリヒ・W. J.　42
シュレーダー＝フレチェット，K. S.　194
ショーペンハウアー，アルトゥール　144-146, 148, 149
スピノザ，バルーフ・デ　39, 87
ゼノン　70
ソクラテス　7, 60-69, 72

〈タ 行〉

ダーウィン，チャールズ　48, 49
タレス　12, 13, 16-21, 60, 151
ディオゲネス・ラエルティオス　17
テイラー，チャールズ　106
デカルト，ルネ　34, 58, 86, 151, 156, 166
テルトゥリアヌス　24
トマス・アクィナス　29, 74

〈ナ 行〉

ニーチェ，フリードリヒ　38, 96, 146-149
西周　2
ニュートン，アイザック　37, 116, 117

〈ハ 行〉

バークリ，ジョージ　39
パース，チャールズ　54
ハイデッガー，マルティン　40, 51, 52, 149
パスカル，ブレーズ　155
ヒューム，デイビッド　116, 118, 173
ピュタゴラス　20
フッサール，エトムント　50, 51
プラトン　26, 61, 65-67, 89, 142, 143, 149
プルタルコス　19
フレーゲ，ゴットロープ　54
フロイト，ジクムント　35, 49
プロタゴラス　90
プロティノス　26
ヘーゲル，ゲオルグ・W. F.　38, 95, 180
ベートーヴェン，ルートヴィッヒ・ヴァン　38
ヘシオドス　14
ベンサム，ジェレミー　94
ホッブズ，トマス　90, 166
ホルクハイマー，マックス　45

〈マ 行〉

マッキンタイアー, アリスデア　106
マルクス, カール　49, 180
マルブランシュ, ニコラ・ド　39
ミル, ジョン・S.　94

〈ヤ・ラ・ワ行〉

ヨナス, ハンス　194
ライプニッツ, ゴットフリート・W.　37, 156
ラッセル, バートランド　54
ラプラス, ピエール＝シモン　87
ルソー, ジャン＝ジャック　114, 166, 173
ルター, マルティン　36
レヴィナス, エマニュエル　97
ローティ, リチャード　44
ロールズ, ジョン　96, 166, 177
ロック, ジョン　90, 114, 166, 171
和辻哲郎　95

事項索引

〈ア 行〉

アイデンティティー　107, 108
アポロン的　147, 148
アリストテレスの四原因説　16, 17
一般意志　175, 180
イデア　65-67
　──論　26, 144
因果論　89
永遠法　81
叡智界　92
エピクロス派　87
応用倫理学　101, 102, 184, 196, 197
大森荘蔵の原生時間論　163

〈カ 行〉

回心　128
快楽主義　65-72
科学革命　115
科学基礎論　161
科学実在論　161
科学者（サイエンティスト）　153
科学哲学　151
科学方法論　161
格差是正の原理　179
革命権　170
学問的知識　28
学問論　5, 158
仮言命法　93
仮象問題　154
価値の相対主義　168
神の存在証明　26, 41, 119
神の存在の「要請」　122
神の似像　80
神の恵みは自然を廃棄せず，むしろこれを前提
　として完成する　79
神は死んだ（神は死んでいる）　38
カロリング・ルネサンス　23
環境世界　51
環境倫理　184, 191
還元　156

感情　135
観想　76
観測問題　162
機械論的自然観　115
帰責問題　92
気遣い　52
規範倫理学　184
義務　71, 72
　──倫理学　101
　──論　86
共通善　82
共同体　106-109
教父　24
キリスト教　68
　──哲学　23
傾向性　92
形式論理学　54
芸術　131, 132, 135, 141
啓蒙思想　113
啓蒙の時代　38
ゲーム　57, 58
　──理論　178
解脱　146
決定論　87
言語哲学　54, 55
原罪　126
現象界　87
現象学　50
原初状態　178, 180
見神　24, 76
現存在　51
圏論　162
交換的正義　82
幸福　61, 64-70, 72, 76, 86, 122
　──に値する　94
合目的性　138-140, 146
功利主義　65, 94, 100-102, 177
個人主義　124
コミュニタリアニズム　106, 108, 109
コンヴェンション　173

〈サ 行〉

Science（サイエンス） 152
最大多数の最大幸福 94, 177
三十年戦争 36
志向性 50
詩人追放説 143
自然権 169
自然状態 168
自然神学 118
自然法 81, 169
実験的な推論法 119
実践哲学 4
実践理性 121
実存（エグジステンス） 42, 125
　　──主義 103-105
実体論 156
史的唯物論 49
自由 88
宗教的実存 126
集合論 162
自由と平等の原理 179
12世紀ルネサンス 23
主体的真理 125
受肉 26, 126
趣味判断 133
自律 124
進化論 48, 49, 163
信仰箇条 28
人工妊娠中絶 186
信仰の騎士 126
新宗教運動 124
心身二元論 34
神聖ローマ帝国 38
心臓死 183, 196
人定法 81
新プラトン主義 26, 75
人民主権論 114
人倫 95
数理論理学 162
scientia（スキエンティア） 152
健やかな心 127
ストア派 70, 71, 87
正義 82

──の原理 179
聖徳（聖者性） 128
生命倫理 184, 185
世界内存在 51
世俗主義 112
世代間倫理 192-194
絶対王政 113
選択的中絶 189, 190
像 55, 56
相対性理論 162
存在とは知覚することである 43
存在論的証明 26

〈タ 行〉

大学 27
胎児の道徳的地位 187
地球温暖化 192
地動説 37
中絶 186, 188
超準解析 162
唯物論 88
ディオニュソス的 147, 148
定言命法 93, 176
抵抗権 114, 170
ディレンマ 103, 104
哲学部 151
天動説 37
道徳相対主義 91
道徳的行為 86
道徳法則 92, 122
徳 62, 63, 67-72, 82
特殊意志 175
徳倫理学 102
トランスサイエンス 154

〈ナ 行〉

ナポレオンの時代 38
二度生まれ 128
脳科学 156
脳死 183, 195, 196

〈ハ 行〉

パーソン論 188
配分的正義 82

事項索引　217

はじめに感覚のうちになかったものは知性のうちにない　78
反省的判断力　138
万人の万人に対する戦争　169, 170
万物の原理　12-19, 60
美　131, 135-137
不条理であるからこそ信じる　24
プラグマティズム　127
フランス革命　113
ペシミズム　145
法的正義　82
母体保護法　186
ホッブズ問題　170

〈マ　行〉

マイノリティー　107, 109
マクシミン戦略　178
マクダガートの時間の非実在性　162
ミレトス学派　17, 20
無意識　49
無知のヴェール　178
無知の知　63, 64
命法（命令）　92
名誉革命　113
メタサイエンス（メタ科学）　161
目的論的自然観　115

目的論的停止　126

〈ヤ　行〉

病める魂　127
有意味　56
優生学　190

〈ラ　行〉

ラテン・アヴェロエス主義者　29
ラプラスの悪魔　88
利益の感覚　173
理解するために信じる　25
理性の狡知　159
流出論　26, 75
量子物理学の哲学　162
理論哲学　4
理論理性　121
類比にもとづく推論　119
ルネサンス　22
ロマン主義の時代　38
論理実証主義　158

〈ワ　行〉

私は信仰に場所を得させるために知識を放棄しなければならなかった　122
我思う，ゆえに我あり　34

《執筆者紹介》（執筆順，＊は編著者）

＊伊藤 邦武（いとう くにたけ）［はじめに，第4章，第8章，第10章］
神奈川県生まれ
京都大学大学院文学研究科博士課程修了．文学博士
現在，京都大学名誉教授
主要業績
『偶然の宇宙』（岩波書店，2002年）．
『物語 哲学の歴史』（中公新書，2012年）．
『プラグマティズム入門』（ちくま新書，2016年）．
『宇宙はなぜ哲学の問題になるのか』（筑摩書房，2019年）．

＊藤本 忠（ふじもと ただし）［序章，第3章，第7章，第11章］
長野県生まれ
北海道大学大学院文学研究科博士課程修了．博士（文学）
現在，龍谷大学文学部教授
主要業績
「カテゴリーの超越論的使用とは何か」（『カント哲学と科学』日本カント協会，理想社，2003年）．
『時間の思想史 双対性としてフィジカ・メタフィジカ』（晃洋書房，2017年）．
「数理科学とカント哲学の可能性」（『思想 11月号（1135）特集：カントという衝撃』岩波書店，2018年）．

田中 龍山（たなか りゅうざん）［第1章，第5章］
京都府生まれ
龍谷大学大学院文学研究科博士課程修了．博士（文学）
現在，龍谷大学文学部教授
主要業績
『セクストス・エンペイリコスの懐疑主義思想』（東海大学出版会，2004年）．
プルタルコス『モラリア7』（京都大学学術出版会，2008年）．
『ソクラテスのダイモニオンについて——神霊に憑かれた哲学者』（晃洋書房，2019年）．

山口 雅広（やまぐち まさひろ）［第2章，第6章，第9章］
京都府生まれ
京都大学大学院文学研究科博士課程修了．博士（文学）
現在，龍谷大学文学部准教授
主要業績
「トマス・アクィナスにおける選択の自由——その晩期における議論の意味」（『中世思想研究』第47号，中世哲学会，2005年）．
「キリスト教倫理から生命倫理へ——ポール・ラムジーの場合」『神と生命倫理』（晃洋書房，2016年）．
「中世の二人の思想家とリパブリカニズム」（『倫理学研究』第47号，関西倫理学会，2017年）．

松田克進（まつだ かつのり）［第12章］
大阪府生まれ
京都大学大学院文学研究科博士課程修了．博士（文学）
現在，龍谷大学文学部教授
主要業績
『スピノザの形而上学』（昭和堂，2009年）．
『近世哲学史点描——デカルトからスピノザへ』（行路社，2011年）．
『デカルトをめぐる論戦』（共著，京都大学学術出版会，2013年）．

紀平知樹（きひら ともき）［第13章］
三重県生まれ
大阪大学大学院文学研究科博士課程修了．博士（文学）
現在，兵庫県立大学看護学部教授
主要業績
「理性の危機と科学批判」，『ポストモダン時代の倫理』（共著，ナカニシヤ出版，2007年）．
「知識の委譲とリスク社会」，『岩波講座哲学〈4〉 知識／情報の哲学』（共著，岩波書店，2008年）．
「行為としての哲学」『ドキュメント臨床哲学』（共著，大阪大学出版会，2010年）．

哲学ワールドの旅

2018年4月30日 初版第1刷発行	＊定価はカバーに
2023年4月15日 初版第2刷発行	表示してあります

編著者	伊藤邦武
	藤本　忠
著　者	田中龍山・山口雅広
	松田克進・紀平知樹
発行者	萩原淳平
印刷者	田中雅博

発行所　株式会社　晃洋書房

〒615-0026　京都市右京区西院北矢掛町7番地
電話　075(312)0788番(代)
振替口座　01040-6-32280

装丁　designstudio ayz　　印刷・製本　創栄図書印刷(株)
イラスト　溝上なおこ
ISBN 978-4-7710-3044-2

JCOPY 〈(社)出版者著作権管理機構委託出版物〉
本書の無断複写は著作権法上での例外を除き禁じられています。
複写される場合は、そのつど事前に、(社)出版者著作権管理機構
(電話 03-5244-5088, FAX 03-5244-5089, e-mail: info@jcopy.or.jp)
の許諾を得てください。